一流の投資家は「世界史」で儲ける

塚口直史
Tadashi Tsukaguchi

ダイヤモンド社

はじめに

私の仕事は、資産の運用です。グローバル・アセット・アロケーターという世界分散投資分野のファンドマネージャーとして20年以上運用業務に携わっています。「明日どうなるか分からない」という金融商品の不確実性からくる不利益をなるべく減らそうと、リターン獲得とリスクヘッジの観点から日々運用を行っています。

そんな中、私は長年の運用経験を通してある実感を持つようになりました。それは、資産運用において実際に役に立つ知識や経験とは、現在の市場情報の分析よりも、もっと広がりのある世界史の知識の「蓄積」と「援用」だということです。

多くのファンドマネージャーを見つつ、自分もその一人として活動してきた中で、「世界史観」がなければ、運用で長期にわたってパフォーマンスを上げることは不可能だと考えるようになりました。

本書では、お金の本質や仮想通貨の未来、インフレやバブルなどの経済的な現象、過去繰り返し起こった景気変動のパターン、これからの世界がどうなっていくのかなどについて「歴史」という切り口から説明をしました。

世の中には、お金の歴史について解説した書籍はたくさんあります。しかし、それらの本を読むことで得られるのは、世界史の知識の「蓄積」まででしょう。

もちろん、お金の歴史を知ることは投資をするうえで非常に大切なことです。**しかし、本書ではそこに留まらず、読者の皆さんが投資をする際に役立つ実践的な知識やノウハウ、すなわち「援用」の部分までしっかりと踏み込んで解説することを心がけました。**

これは現役のファンドマネージャーとして日々投資を行っている私だからこそお伝えできることだと思います。


少し具体的な話もしてみましょう。

世界が激変する中で現在問題視されつつあるのが、年金基金をはじめとする機関投資家の資産運用の手法です。

国民が運用機関に預けている資産の多くが「静的アセットアロケーション」という運用手法により運営されていることが時代遅れであるとして問題となりつつあります。

これは、ポートフォリオに組み込んでいる資産の比率を常に維持していく手法で、たとえば、株式は4割、債券は6割といった形をどんなときでも変更しないスタイルのことです。

市況が下がれば下がるほど、それまでに取り決めていた資産比率を維持するために「ナンピン買い（下落に買い向かう行為）」をしなければならず、総合ポートフォリオのリスクが発散していく危険性があります。

実際に、リーマンショックが起こったときには、多くの年金基金の運用資産がこの手法によって傷口を広げ、大きく棄損していきました。

一方で、欧米ではこの10年間、リーマンショックの反省から大きく揺れ動く時代にあった運用手法を構築し始めています。

それが「動的アセットアロケーション」です。

これは、時流に合わせてポートフォリオの組みかえを果敢に行う手法です。この難点は、どのようにポートフォリオを組みかえるかというメンテナンスの難易度が急激に上がることです。そして私は、このメンテナンスに欠かせないのが、本書のカギとなる世界史観だと考えています。

世界史観とは歴史をより広く、そしてより深く学ぶことで物事の因果関係のパターンを習得し、物事の本質に迫ることです。

Aという出来事が起きると次にBという出来事が起きやすいという、過去の事例の知識をできるだけ多く持ち、それに基づいた投資シナリオを人より早くポートフォリオに組み入れていけば良いのです。

これを繰り返すことで気がつけば、「動的アセットアロケーション」を自然と行えるようになり、時流に合った投資シナリオが分散された最良のポートフォリオを手に入れることができているはずです。

本書では、様々な時代の出来事を紹介しつつ、現在の混沌とする金融市場で、どのように「想定外」を排除しながら資産運用を行うのか、すなわち、世界史の知識をどのように資産運用に「援用」できるのかに焦点を絞って解説していきたいと思います。

塚口直史

一流の投資家は「世界史」で儲ける

目次

第1章 18世紀フランスから学ぶ「お金の本質」

第2章

オランダ黄金時代から学ぶ 21世紀を生き抜くための投資

第3章 「4つの景気循環論」から考える日本の未来

第4章

2つのパターンの下落相場への対処法

第5章

歴史から学ぶ「インフレと金利」

第6章

お金の歴史から考える 仮想通貨の未来

第7章 戦争に備えるための4つの選択肢

第8章

シミュレーション思考の考え方

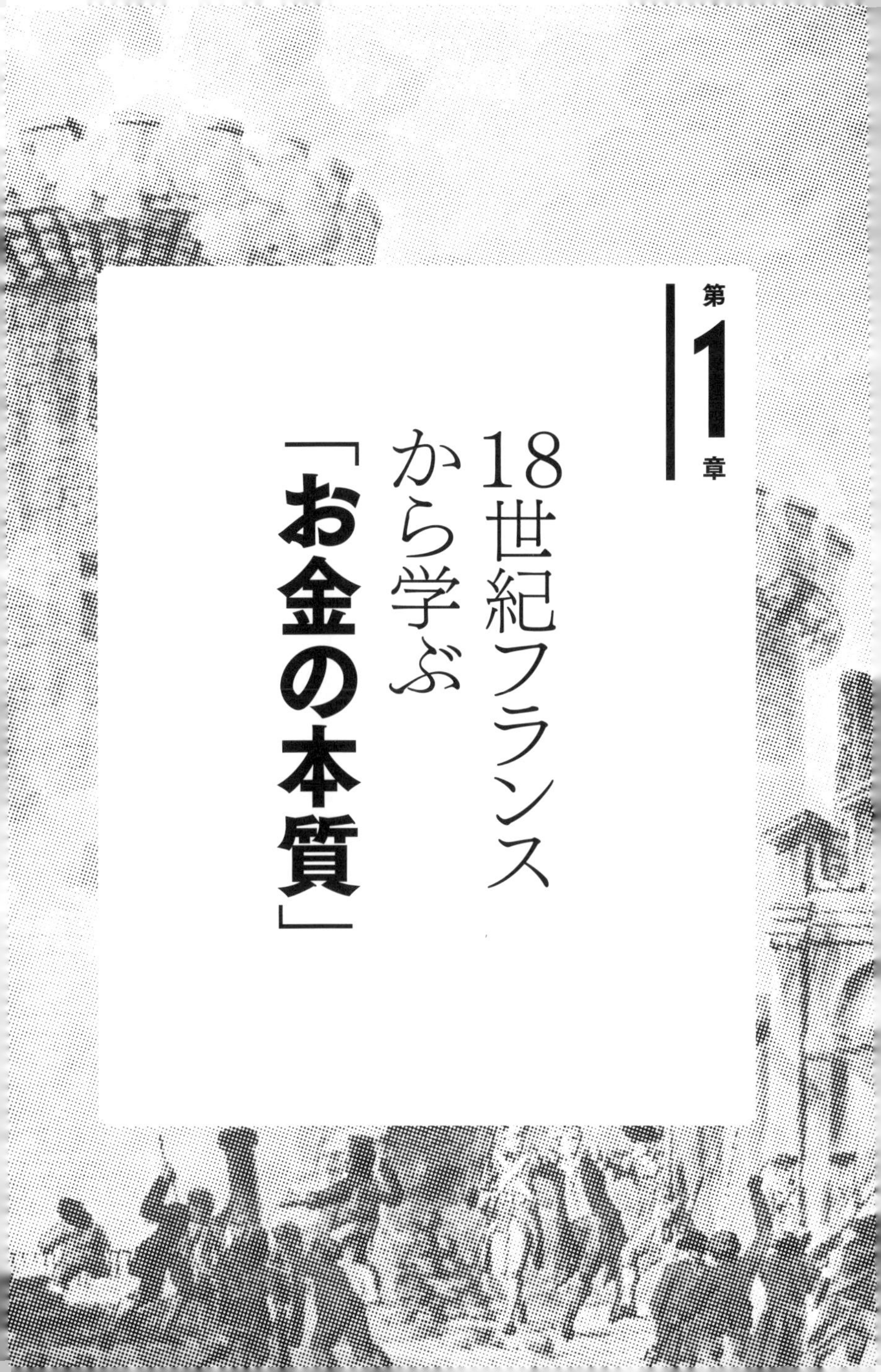

第1章

18世紀フランスから学ぶ「お金の本質」

投資家が最初に知っておくべき「お金の本質」

デフレやマイナス金利など、教科書でも見かけない極端な経済の姿を私たちは今、目の当たりにしています。

こうした異常ともいえる出来事の根本にはなにがあるのでしょうか？

それは、「お金」です。

具体的に言えば、紙幣（ペーパーマネー）です。そして、紙幣の価値の根源を知ることで、より正確に世の中で起きている出来事の本質に迫ることができると私は考えています。

紙幣とは、紙でできたお金のことを指します。１００年以上前までは、金などの貴金属でつくられた硬貨が主流で、その本源的な価値は貴金属と同等の価値を持つため、お金として幅広く使用されてきました。

ところが、紙幣は紙でできているため、その本源的価値は印刷コストを含めても1万円札で20円くらいです。紙幣は紙幣そのものが額面の価値を保有していないということです。残りの9980円に当たる価値は、紙幣の副次的な価値となります。

紙幣がお金であるための3つの条件

その副次的な価値とはなにかといえば、次の3つになります。**「価値の交換」「価値の尺度」「価値の保存」です。**お金を使わない物々交換の世界を基準にしたとき、お金を使用することでその便益が浮かび上がってきます。

物々交換では、本当に欲しい商品が手元に届くまでに、その商品を持つ相手が欲しがる商品を用意する必要があります。その商品に行き着くためには、色々な物々交換をしていく必要があり、手間と時間が膨大にかかってしまいます。

この手間暇をセーブできることが、9980円の価値の一部を形成しています（価値の交換）。そして、多くの人々が同じお金を使用し、多くの商品がお金を基準に値づけされているとき、手間暇がさらにセーブされていきます（価値の尺度）。そして、その状況が昔も今も未来も変わらない、または改善されていくと考えられるとき、そうしたお金を貯えることは欲しいものを欲しいときに入手できることにつながるので、さらにお金に価値が出てきます（価値の保存）。

この価値の保存には、物理的に紙幣が保存される意味も含まれています。お金が泡のように消えてしまう物体では困るわけです。

本章では、「紙幣の歴史」を振り返ります。なぜなら、歴史を知ることが経済の本質を知るうえで最も簡単な方法だからです。その過程で、今話題となっている仮想通貨の持つ本質的意義や、私たちの将来の暮らしに及ぼす影響すら簡単に理解できていくはずです。

紙幣を生み出した男「ジョン・ロー」

今から300年ほど前、ジョン・ローと呼ばれるスコットランド出身の男が、フランスで現代の社会の根幹につながる「紙幣」を生み出しました。

この紙幣の導入を契機として、わずか数年でフランスの年間国家歳入と同じ規模に当たる30億リーブルもの国債残高をほぼゼロにまでもっていく、前人未到の財政改善をなし遂げました。

それほど大きな効用を持つ紙幣とは、一体どのようなインパクトを経済にもたらしていったのでしょうか？

ベルサイユ宮殿の建設や周辺国との絶え間ない戦争を経て、ルイ14世は莫大な借金を残して１７１５年に亡くなります。その後、フランスは国家財政破綻の危機に立たされます。その財政赤字解決のソリューションを提供したのがジョン・ローでした。

ジョン・ロー（1671〜1729）

彼は、トランプ賭博で財をなした天性の博打打ちで、フランドル、オランダ、ドイツ、ハンガリー、イタリア、フランスと欧州各地を転戦していきます。その間に、各地の上流階級にネットワークを築いていきました。その中に当時フランスの摂政だったオルレアン公フィリップがいました。

ジョン・ローは、持ち前の社交性と経済学の知識で、オルレアン公の信頼を獲得し、その後、フランスの運命を大きく変えていくことになります。

各国を転戦していたジョン・ローはその頃、「重くてかさばる金貨などの硬貨は持ち運びに不便だ。紙幣でやり取りできれば良いのに」と感じ始めていました。

そして、行き着いた考えは、オランダのアムステルダムで見かけた「経済的な付加価値を、紙幣自体で生み出すことができる」という現象からヒントを得たものでした。

お金の流通速度が下がると経済は低迷する

当時のオランダでは、金を金職人に預けると、その間、金の預かり証書を受け取ることができました。この証書自体が貨幣として世間で流通していたのです。

お金のやり取りが増えれば増えるほど経済は活性化し（貨幣流通速度の上昇）、**その流通**

を増やす方法は、取引の際に生まれる摩擦（貨幣の保有コストや取引コスト）を抑えることで可能になります。

国際間貿易が盛んになっていた当時、欧州では、各地で起きていた黒字倒産が大きな問題となっていました。どんどん物が売れるのに手元にある硬貨が足りないということだけで、在庫を手当てできずにビジネスを失う、または、物理的に金貨を運んで持ってくることができずに、資金が不足してしまい黒字倒産してしまうといったことが多発していたのです。

当時、金貨はロンドンなど欧州各地の大都市で鋳造され、馬車や船で運ばれていくものでした。雨などで道がぬかるんで馬車が転覆したり、強盗にあったり、船が沈没したりするだけでも、貨幣量が経済需要に追いつかず資金の流れがショートして、経済恐慌が起こることもしばしばありました。

つまり、お金の流通速度の低迷が実体経済を縮小させることが実際に多く起きていたのです。しかし、アムステルダムでは、金と即時に交換できる預かり証書のおかげでこうしたことが起こりにくくなっていました。

貨幣を貴金属や硬貨ではなく紙幣で代替することができれば、貴金属を輸入する際に生じる諸々のリスクを物理的に抑制できるためでした。

また、貨幣需要に即応して紙幣を刷ればいいので、円滑な景気循環も実現できます。預かり証書は紙でできていたため軽くて流通に適しており、いざとなれば金にも交換できたので、世間の商品取引に預かり証書は重宝されていきました。ここにジョン・ローは目をつけたのでした。

ジョン・ローは「バンク・ジェネラル」を設立し、金細工職人と同じように、紙幣をいつでも金貨に交換できることを保証しました。また、ペーパーマネーの発行権をバンク・ジェネラルに独占させて、フランス国民の間でペーパーマネーの保有意義を高めていきます。

バンク・ジェネラルが発券する紙幣は、交換できる硬貨と同等の価値を持つハードカレンシーとして受容されるように細心の注意を払って発行され、紙幣の額面１００に対して金貨１０１で交換されるなど、プレミアム（付加価値）がついて人気化していきました。

かさばることがなく保管も簡単な紙幣での取引は、商取引コストの低減につながることが世間でもだんだんと認識されていきました。**紙幣を利用することで、今まで硬貨を使用することで生じていた様々なリスクを恐れて控えられてきた潜在的な経済需要が、世間に顕在化するのにそう時間はかかりませんでした。**

こうした紙幣の使用の拡大の効果によって、フランス経済は好景気へと転じていきます。このことがさらに紙幣の需要を高めていきました。

そのプレミアムは101ではなく、1717年には115まで上昇し、正のスパイラルが経済を改善に導いていきました。

政府にとっても安上がりな借り入れ方法として、紙幣の発行が認識されていきます。金貨以上の価値で買ってもらえる安上がりな紙幣をもっと印刷するべきだということで、ジョン・ローはこれまでの発行額の16倍以上に当たる10億リーブルの紙幣の印刷を行います。

もちろん、中央銀行の保有する金貨の額は、紙幣の発行で保証している額を大幅に下回っていたのですが、交換に訪れる人たちがいない限りは、その問題は顕在化しません。

世界3大バブルの1つ「ミシシッピ計画」

フランスは、ルイ14世が残した莫大な借金から早く逃れる方策を必要としていました。紙幣の大量発行だけでは賄えないほどの赤字額だったのです。

ジョン・ローはもっと良い手を考えるように要請されます。そこで、次に彼が編み出したのが、実質以上の値段でバンク・ジェネラル株を発行し、世間から調達したお金を国家に貸すという仕組み（デット・エクイティ・スワップ）です。

この結果、財政赤字は一掃されるのですが、これは一時的な効果に留まり、後には、フランス革命を引き起こす遠因を生み出すほどの大混乱をフランスに与えることとなります。

1717年、ジョン・ローは、何の将来性もないとされていたミシシッピ会社という会社を安値で買収します。そして、ミシシッピ会社を当時の仏領北アメリカ植民地であるミシシッピ河口周辺を開発する新会社に改変したうえで、「西方会社」と名づけて経営を開始しました。

当時の北米にあったフランス領はミシシッピでカナダに隣接していて、鉱物資源に恵まれていると信じられていました。

フランス政府は、北米と西インド諸島との貿易の独占権を西方会社に保証して、その地域の開発を委託しました。

後には、1719年にバンク・ジェネラルから名前を変えた「王立銀行」の所有権も含む形で組織が改変され、総合商社兼中央銀行という性質を持つ「インド会社」という一極集中の国営植民地開発会社が誕生します。

ミシシッピ川、ルイジアナ州、中国、東インド諸島、南米貿易の独占権や、9年間の硬貨鋳造権の独占権や国税徴収の執行権、タバコの専売権を持ち、かつミシシッピ川周辺における開発と貿易を独占することで莫大な富が生まれる（はず）という巧みなマーケティングの効果もあって、この新規公開株に対する期待は高まる一方となりました。

1719年、1株当たり5000リーブルでインド会社の株式の新規公開発行を発表します。

そして、ジョン・ローが考え出したのはさらに巧妙な手法でした。この株を手に入れるために、何度も債務破綻してきたために不人気化していたジャンク債の国債「ビエ・デタ」で支払うことも可能としたのです。

ビエ・デタは当時、投資不適格債券として額面100リーブルのものが21・5リーブルで取引されていました。国債で購入できれば、インド会社の株の利回りはさらに高くなります。

実際、新規の購入申し込みに人々は殺到し、超過申し込みは6倍以上となりました。当然株価は瞬時に暴騰し、5000リーブルへと発行額である500リーブルの10倍となりました。

この新規発行株の成功を見たジョン・ローは、大衆の熱狂につけ込んで、さらに15億リーブルもの新株を追加発行しました。当時の国債残高は16億リーブルであり、これをすべて帳消しにしようと発行されたのです。

割賦で株を買えるようにし、手付金だけ払えば株を買える権利を手にすることができたこともあり、株の人気はうなぎ登りとなりました。

この結果、インド会社という国営会社が保有する国債への支払いとして、フランス国家は、4800万リーブルの利息を毎年支払います。しかし、受け取る側も事実上国家であることを考えれば、実質的に利息を払っていないのと同じことです。こうして、政府は歳入の10倍（GDPの2～4倍）に当たる巨額の負債の全利息の返済を免れることができました。

ルイ14世が生み出した途方もない財政赤字は嘘のように消えていきました。

ところがよく考えれば、インド会社には新しい資本が全く入っておらず、ジャンク債としての国債がインド会社の資産になったにすぎません。増えたのは株主の数だけであり、株の数が膨張したことが意味することは1株当たりの利益が薄められたということです。

貸借対照表の左側が全部国債で、右側が資本という構成です。

国債の価値しかないはずの株価は、その本源的価値をさらに外れて高騰を続けていきました。株価は1719年の年末には、1万リーブルの大台にまで上昇します。この間にジョン・ローは、王立銀行を通じて紙幣の大量発行も同時に行い、こうしたブームを支えています。

しかし、このときがピークでした。1719年冬以降、紙幣を大量に王立銀行に持ってきて硬貨に交換する貴族が出始めたのです。人々は「王立銀行の金庫には紙幣と同じ額の硬貨はあるのだろうか？」と疑問を持ち始めるようになりました。

紙幣への不信から起こった大混乱の歴史

王立銀行への不信感が高まるとともに、いたるところで紙幣を硬貨に交換してタンス預金を行う動きが出てきました。金貨や銀貨を干し草と牛糞で覆い、農民に変装してベルギーまで逃げていく人もいました。

硬貨という本源的な価値を持つ資金が国外逃避するか、国内の家庭に退蔵されていき、フランス国内では実質的な貨幣供給が急減し始めました。

ジョン・ローは、紙幣の価値を硬貨対比で切り上げて、民衆の不安を取り除く努力をしますが、逆に、多くの人がこれを利用して紙幣を硬貨に交換していきます。

とうとう、1720年2月には硬貨の使用が全面禁止されます。

その後、硬貨の自由保有の禁止をうたう勅令が廃止され、パリ市の徴税権を担保とした2500万リーブルの新紙幣が発行されました。しかし、交換対象の硬貨は金貨や銀貨ではなく銅貨となっていました。

多くの人が銀行に取りつけ騒ぎを起こしました。暴動も頻発するなど混乱が続き、金貨や銀貨を持って国外脱出しようとする人が後を絶ちませんでした。

最終的にバブルは崩壊し、ミシシッピ計画は失敗に終わりました。


ジョン・ローは、民衆から逃れるように国外避難します。その後、博打打ちとしてすごし、58歳のときにベネチアで亡くなりました。

こうして、このミシシッピ計画は、世界史上の3大バブルのうちの1つと称されるまでの大きな損害を社会にもたらしました。1715年以来、過度な信用創造というバブルを利用して財政再建を目指したものの、バブルが崩壊した後はルイ14世の治世末期よりも酷い状況になってしまいました。破産者が続出し、後には、フランス革命を引き起こすほどの国家不信に帰結しています。

お金の本質を理解せずに未来を予測することはできない

財政不安、デフレ、世界の保護主義化、原発問題、地政学リスクの高まり、そして、非労働人口1人を労働人口1・8人で支えていかなければならない2025年問題という超少子高齢化社会が到来する日本。

不安が渦巻く日本でなにをどうしたらいいのか、情報化社会の皮肉で情報が氾濫していて逆に判断できない。そして、なんとなく今も将来も昔と変わらない生活を送っていく。

これが多くの日本人が体験している現在の社会の姿ではないでしょうか?

私は、たった1年で通貨の価値が半分になり、市民生活が激変したロシアを拠点にビジネスをしてきました。世界情勢の動きを如実に受け、通貨の動きに人一倍敏感な社会であるロシアの社会を見てきたからこそ、アメリカの一極集中という世界が終焉しつつあることを実感しています。

経済を中心として時代は刻一刻と移り変わっているのですが、社会的な大変革にいたるまで、そうした変動は得てして気づきづらいものです。

私たちは、超高度貨幣経済に立脚した国際金融市場を基本として、国民社会を形成しています。為替レートや日経平均株価指数の動きを日々のニュースで見ない日はありません。

そうした超資本主義世界に否応なく生きている中で、その世界の土台を形成している紙幣を理解することなく、今の世界の立ち位置を理解することは不可能です。まして、今後の世界の予測などできるはずがありません。

ジョン・ローの話からスタートしたのは、皆さんにまず、「紙幣とはなにか」ということを知ってもらいたかったからなのです。

紙幣とはなにかという基本を理解することなく今後到来する世界をイメージし、その対策を立ててもそれは上手くいかないでしょう。**私たちが多くの時間を費やして、日々労働して獲得しているお金というものの信用価値は、紙幣の発行者のモラルに依**

存しているのです。

ジョン・ローのように、「紙幣の発行額を金の保有額以内に収める」「国家徴税権の範囲内に紙幣の発行を収める」といったある程度の規範を超えて通貨を発行するモラルを無視した人たちが紙幣の発行権を手にしているときには、その後に、この章でお伝えしたような大混乱が待っているかもしれません。

金や銀などと交換できない紙幣で成り立っているのが現代の社会です。**投資という観点で考えたとき、中央銀行の独立性を担保できる法律を持っている国の通貨や、その通貨でやり取りされる株券や債券や不動産などの金融商品に投資することは有益です。**

不透明感が高まっていく世界であればあるほど、政権と密接ではない独立した中央銀行の存在は、通貨の信用を生むうえで非常に重要な要素となっていくでしょう。

本章では、「紙幣」の歴史について解説しました。この知識は、仮想通貨の将来性を考えるうえでも非常に大切になります。詳しくは第6章で解説したいと思います。

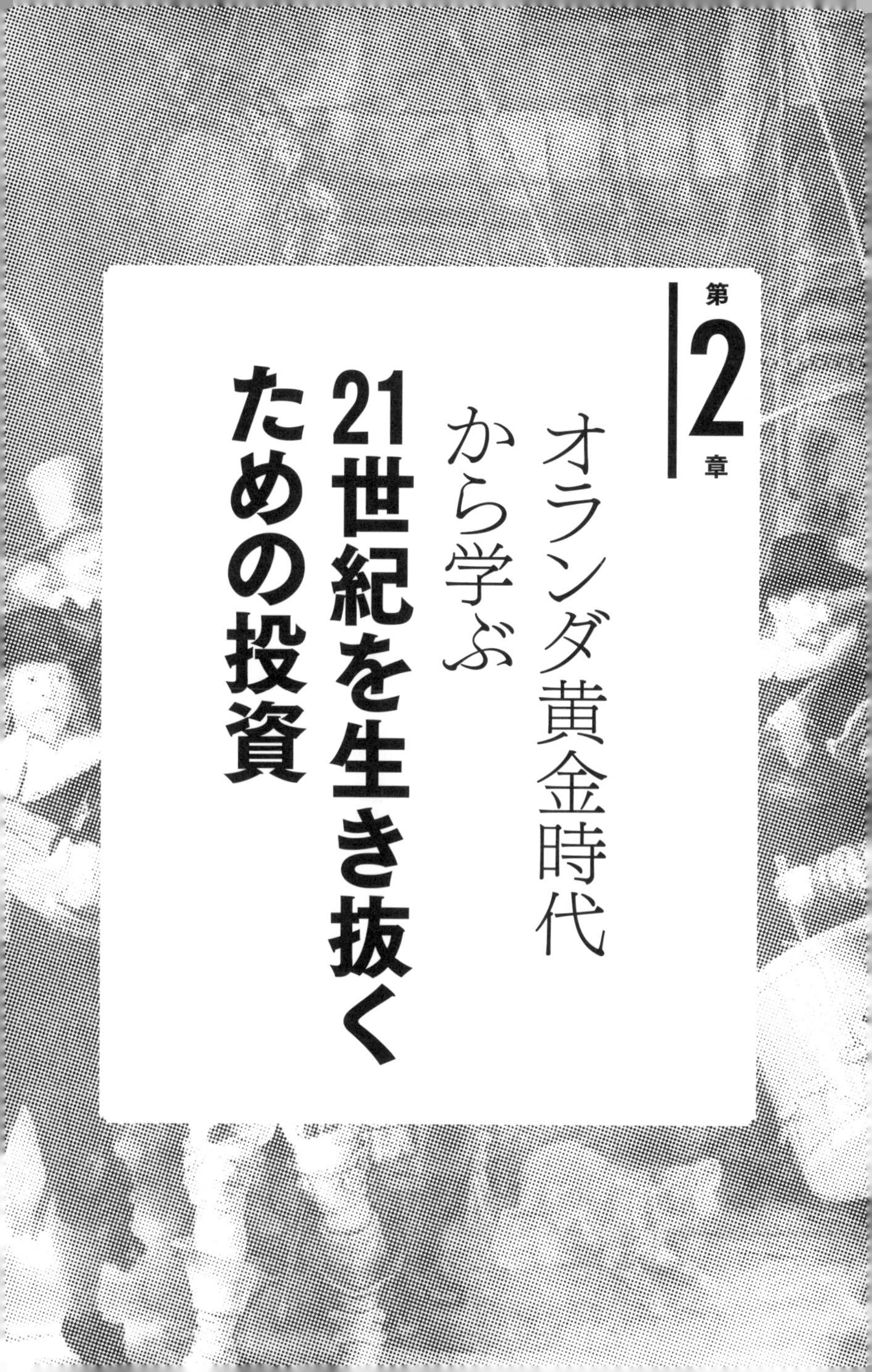

第2章

オランダ黄金時代から学ぶ 21世紀を生き抜くための投資

今世界で起こりつつある「脱グローバル化」

アメリカのトランプ政権は、経済の舵取りを大きく保護主義に転換しようとしています。それを象徴するのが世界貿易機関（WTO）や北米自由貿易協定（NAFTA）、環太平洋パートナーシップ協定（TPP）といった国際協調貿易の枠組みを弱体化しようとする動きです。

そうした動きを背景に、今世界では「グローバル化」から「脱グローバル化」への地殻変動が起きつつあります。

1980年代以降の世界経済は、国際分業体制を軸として成長してきました。その結果、貿易や金融を通じて世界がつながり、各国の分業体制の中で人々が世界の動きとリンクしていくというグローバル化の流れが今世紀の情報革命を経てますます加速しています。

この国際分業体制というのは、19世紀のイギリスの経済学者デヴィッド・リカードの「比較優位」という考え方を利用したものです。簡単に言えば、「それぞれの国が得意とする分野に専念すれば、皆がその恩恵を享受できる」という考え方です。

たとえば、タイピングが世界一の弁護士と平凡な能力のタイピストがいたとして、弁護士はそのタイピストを雇うべきでしょうか？

この命題に対して、リカードは「雇うべき」と答えました。

弁護士が持てる時間のすべてを弁護士業務に専念することで、タイピストを雇う費用を支払っても余りある利益が期待できるからです。一方のタイピストも、タイピング業務を請け負うことで収入を得ることができます。

この場合、弁護士はタイピストに対して、弁護士業務でもタイピング業務でも優れている（絶対優位）ので、すべてを一人で行う方が良いと思われるかもしれま

デヴィッド・リカード（1772~1823）

せん。しかし、1日24時間という限られた時間の中ですべての業務を抱え込むのは無理があり、その時間にタイピストが弁護士に対して相対的に優位（比較優位）なタイピング業務を行う方が全体の生産性を高めることができます。

これが、国際貿易にも当てはまる比較優位の考え方です。

ところが、トランプ大統領が旗振り役となって進めている保護主義は、これまで先進国が営々と築いてきた国際分業体制を崩壊させ、さらにはヒト・モノ・カネという経営資源の国際移動を制限しようとするものです。これは、「グローバル化」から「脱グローバル化」への転換をもたらすものに他なりません。

そうなれば世界の生産量は減少し、物の値段は上昇してしまいます。たとえば、安価な労働力で大量生産されてきた中国製品が、賃金水準の高い米国製品に置きかえられれば、物価が上昇することが想像できるのではないでしょうか。

実は、こうした「脱グローバル化」への地殻変動は、今回がはじめてのケースではありません。大航海時代に世界経済がつながった頃から、何度も振り子のように自由貿易と保護貿易との間を行き来してきたのです。

そして、歴史を俯瞰してみると、このような大きな転換期にこそ時流に合った投資を行うことで、巨万の富をつくり得ることが分かります。

「世界経済の政治的トリレンマ」とはなにか？

では、世界の政治経済の潮流が大きく変わろうとするとき、私たちはどのような投資方針を持てば良いのでしょうか？

それにはまず、潮流の方向を知る必要がありますが、それは次の考え方を援用することで明らかとなります。

トルコ出身の政治経済学者ダニ・ロドリックが唱えた考え方に「世界経済の政治的トリレンマ」と呼ばれるものがあります。**これは「グローバル化」「国家主権」「民主主義」の3つを同時に追求することは不可能なので、このうちの2つを選択せざるを得ないという考え方です。**

ここでいう「グローバル化」とは、経済の生産性を限りなく追求しようとする思想です。次の「国家主権」とは、貿易や通貨に関わる国家の主権を確立しようとする思想です。そして最後の「民主主義」は、国内の幅広い意見を政治に反映させようとする思想です。ロドリックは、これら三つ巴の思想の中でどの2つを選択するかによって、世界の政治経済の潮流が決まると唱えたのです。

この場合の組み合わせは、次の3択になります。

①国家主権＋グローバル化

民意に関係なく、国際分業体制を強化するための規制緩和を軸とした市場重視の政策になります。第一次世界大戦後から世界恐慌までの動きや、ポスト冷戦時代に推し進められた金融資本主義の世界がこれに当てはまります。

②民主主義＋国家主権

グローバル化を制限して、それぞれの国が民意を反映させた経済運営を行うことが主眼となります。１９２９年の世界恐慌以降の世界や、現在のトランプ政権下のアメリカがこれに当てはまります。

③民主主義＋グローバル化

グローバル化を導入しつつも、市場・通貨の統合など国際分業体制の枠組みを双方の民意を反映しながら協調的につくっていく形が軸となります。

「世界史」でこれからの世界の流れを考える

では、これら3択のうち、どの潮流が今後の世界を支配していくのでしょうか？

私は、現在の潮流は「①国家主権＋グローバル化」で、今後はそこから「③民主主義＋グローバル化」に向けて動き出していくと考えています。

ちなみに「②民主主義＋国家主権」という保護主義バリバリの閉鎖的な動きは、情報革命が世界的に行き渡った現在では採りにくい方法だと思います。トランプ大統領やイギリスのテリーザ・メイ首相の政策が早くも国民の間に大きな亀裂を生み始めているのは、時勢にそぐわない方法を採ろうとしているからです。

こうした動きを反映して、２０１７年春のフランス大統領選では、極右・国民戦線のマリーヌ・ルペンが大敗し、中道・無所属のエマニュエル・マクロン大統領が誕生しています。

こうして今、おぼろげながらも見えてくる将来の世界の動きは、1つは極端なグローバル化からの離脱、もう1つは保護主義への極端な反動というよりは、穏健なグローバル化を選択していこうという歩みです。民意を反映しながらグローバル化路線を徐々に進めていこうとする世界の趨勢が見えてきています。

では、そのような世界で、私たちはどのように振る舞うのが得策でしょうか。これから変貌をとげていく世界における投資のあり方を占ううえで、オランダ黄金時代の歴史ほど示唆に富むものはありません。

オランダ黄金時代から学ぶこれからの世界

「オランダの世紀」といわれる17世紀において、日本は武力でオランダに開国を迫られたわけではありません。お互いの利害や民意を尊重しながら、双方納得のうえで日蘭はグローバル化に乗り出していったのです。

当時のオランダは世界一の海軍力を誇っており、海軍との戦いには絶対の自信を持っていました。ところが、陸軍が強い日本に対しては粘り強い外交で臨む他ありませんでした。**現代のグローバル化は核の均衡下で武力を行使できない形で実現されていますが、当時のグローバル化もそれと似た状況で実現されたのです。**

当時の日本は、信長・秀吉の時代を経て、資本主義の萌芽が見られた時期でした。全国規模の金融市場システムが確立され、徳川・豊臣の二重公儀体制のもとで商業資本が形成されていきました。銀の採掘・精錬の技術革新もあって貨幣の供給量が急速に増えていき、中央に集められた資本の運用先が求められていた時期だったのです。

ときを同じくして、オランダでも本格的な商業資本が形成されようとしていました。ヨーロッパにおける新興国であったオランダも、資本主義が発達し始めていたのです。これから述べる事情によって、銀を渇望していたオランダにとって日本との交易は銀貨を獲得する絶好のチャンスでした。

当時のオランダはネーデルラント（現在のオランダとベルギーを合わせた地域）と呼ばれ、毛織物の輸出などを中心として商業が栄えていました。ところが、宗主国スペインからの重税と宗教弾圧（プロテスタントへの弾圧）に悩まされ、スペインに対して宣戦布告をします。この独立戦争でオランダはイギリスの支援を得られたこともあり、１５８１年に北部７州（現在のオランダ周辺）が独立を宣言するにいたります。

しかし、これで争いが終結したわけではありません。スペインによる経済封鎖はそれ以降も続き、それまでオランダに流入していた新大陸からの銀や、アジアからの香辛料が途絶えてしまいました。とりわけ、当時の国際交易が銀で行われていたことから、商業国オランダにとっては銀の獲得が急務となっていました。

その頃、オランダが目をつけたのが日本です。当時、世界の銀の６割がスペイン統治下にあった南米のポトシ銀山から産出されていましたが、残りのうち３割を占めていたのが日本だったのです。オランダは１６０２年にオランダ東インド会社を設立し、徳川・豊臣の二重公儀体制にあった日本との交易を目指すことになりました。

なぜ、オランダは鎖国時の日本と交易ができたのか？

南アフリカの喜望峰からマゼラン海峡、極東にいたるまでの貿易・軍事・貨幣鋳造などの権限をオランダ連邦議会から与えられたオランダ東インド会社は、国民の間で確実に利益を上げられるだろうと予想され、出資権をめぐって大ブームが起こりました。

その裏側には、会社側の様々な工夫がありました。オランダ東インド会社では、出資権の一口一口を「株式」と呼ばれる証券に分け、少額でも出資できるようにしたのです。しかも、この株式は無限責任ではなく有限責任とされていたり、株式を自由に譲渡できるようにしたりと、現代の株式と同じような性格を備えていました。

こうした工夫によってオランダ東インド会社は、世界初の株式会社として莫大な資本を投資家から集めることに成功したのです。

当時のイギリスにはすでに東インド会社がありましたが、こちらは航海ごとに出資者を募る方式で、恒常的な株式会社ではありませんでした。また、イギリス東インド会社の第1回航海の出資金に比べて、オランダ東インド会社はその10倍もの規模で開始されたのです。これらの事実を見ても、オランダ東インド会社が株主からの長期的なサポートを得ながら安定的に運営していこうという姿勢で努力をしていたことが分かります。

この巨額の資本金を基に、オランダ東インド会社（以下、東インド会社と記す）は陸海軍を整備し、スペイン征服下のポルトガルが無防備化されていた間隙をついて、ポルトガルがアジアに築いていた商圏を奪うことに成功します。とりわけ、東インド会社の隆盛をもたらした一番の要因は、アジア最大の銀供給国である日本との交易にあったと言っても過言ではないでしょう。

東インド会社の主力商品は、インドネシア産の香辛料です。また、インドの綿布も当時需要があり、それらを購入するために使用されていたのが日本銀でした。

この時期、日本では西陣織などの絹織物がブームとなり、生糸の需要が高まっていました。東インド会社は、この生糸を福建省や台湾を基盤とする貿易商・鄭芝龍らから買いつけ、その生糸を日本に売って銀を受け取るという形で対日貿易を独占していきました。

その一方で、徳川幕府への政治的な働きかけも積極的に行いました。その代表的なものに軍事協力があげられます。たとえば、１６１４年の大坂冬の陣では、オランダ製の大砲を家康に貸与し、これらの大砲を使った大坂城天守閣への砲撃が和議を引き寄せる大きな役割を果たしました。また、１６３７年の島原の乱でも、幕府の要請を受けて海上からの砲撃を行うなど協力を惜しみませんでした。

こうして徳川幕府がオランダを高く評価する地合いが整えられ、日本はオランダのみを通商相手国とする鎖国制度を導入したのです。

このような懸命な努力もあり、それまでポルトガルが押さえていたアジアの商圏はほぼオランダのものとなりました。その結果、東インド会社の期待株式配当率は、定款に定められた5%から、設立後わずか3年で80%弱にまで拡大しました。

こうした高配当が人気をあおり、東インド会社は順調に増資を続け、設立から10年も経たない間に当初の5倍にも及ぶ資本調達に成功します。こうしてオランダ東インド会社は、17世紀の約１００年間にわたって、平均20％以上の高配当を続けることができたのです。

武力もさることながら、前述のような粘り強い交渉と懸命な努力を続けたことが、オランダの繁栄を導いたといえます。経済封鎖という形で保護主義をかざすスペインなどの軍事大国の嫌がらせにも負けず、皆でお金を出し合って果敢に冒険を行う度胸と、相手国を尊重する外交力によって、オランダは世界の覇権を手に入れました。

最盛期の17世紀前半には世界貿易の5割を支配するほどで、この時期にオランダに集められた富は莫大なものとなっていました。

行き場を失ったお金がバブルを引き起こす

その後、飛ぶ鳥を落とす勢いのオランダにも暗雲が立ちこめていきます。

17世紀初頭から、世界の産銀量が停滞し始めていたのが悪い兆候でした。日本もメキシコも銀を採掘しすぎたのです。

世界の産銀量は、1620年の40万キロから1650年の25万キロへと、30年間で40%弱も減少してしまいました。国際通商の貨幣である銀貨の減少は、海運の低迷につながっていきます。これに追い打ちをかけたのが英仏のオランダに対する軍事行動で、これがオランダ海運業の衰退を決定づけました。

その後、行き場を失ったオランダの資本の一部が、海運への投資から国内への投機に乗りかえられていきます。これが世界初のバブルとして有名な「チューリップバブル」です。

当時のオランダでは、オスマン帝国で栽培されていたチューリップの球根の改良が盛んに行われており、それが投機の対象となっていきました。球根の価格は騰勢を強めていき、最高級の球根は家一軒分の値段よりも高くなったほどです。

チューリップの球根は植物愛好家たちでさえ手が出せない価格まで高騰し、そのうち買い手がつかなくなりました。需要と供給のバランスが崩れてしまったのです。そして1637年2月3日、突如大暴落が始まると、球根を販売・転売していた人々はパニックに陥り、オランダ政府を巻き込んだ社会問題へと発展していきました。

グローバル化とどう向き合うか？

翻って21世紀の現在。極端なグローバル化は決して長続きしないということを私たちは体験しました。

ポスト冷戦の間、アメリカ主導の金融資本主義が行き着くところまで行き着き、リーマンショックを招く形で住宅バブルと証券化バブルが弾けました。その後も、アメリカではグローバル化と技術の進歩などから所得格差が拡大していき、２０１７年の大統領選ではそうした人々の不満をうまく吸収したトランプ氏が当選します。

そして、欧州連合（ＥＵ）の中で国家主権や通貨発行権を制約され、金融・財政政策を思うように採れず、移民管理も十分に行えないヨーロッパの人々の苛立ちが右派を躍進させました。

グローバル化を優先するために民主主義を犠牲にしても必ずその反動はやってくる、それが歴史の教訓です。

しかし一方で、グローバル化は続いていくということもまた歴史の教訓です。快適な暮らしを支えるモノやサービスは、世界の貿易・金融の一体化と情報革命を通じてはじめて可能となるものであり、グローバル化と私たちの生活はもはや切っても切れないものになっています。

よって、私たちが考えるべきは「グローバル化とどう向き合うか？」という方法論です。

極端なグローバル化が行き詰まりを見せた現在では、対話こそが唯一の方法です。**それぞれの国の事情を踏まえたうえで、じっくり時間をかけて、国民が納得する形でグローバル化を進めるしかないように思えます。**

その際には、17世紀のオランダが粘り強い交渉力を発揮して世界の覇権を握っていったような姿が求められると思います。なぜなら、自由貿易で統一された世界はもはや過去のものとなろうとしているからです。

良い車をつくり、良いサービスを提供するだけでは繁栄できないということです。相手国の事情も慮りながら、それぞれの国と腰を据えて交渉を重ねていくしかない、傍目には生産性の低い世界の到来です。しかし、核兵器が拡散して大国といえども軍事力を発揮できない現状では、お互いの国を尊重し、話し合いで解決していくしかグローバル化の波に乗る方法がないのです。

現在では製造業からサービス業への産業シフトが起きており、これらサービス業では規模の経済が働きにくいことから雇用を増やしにくくなっています。今後は人工知能（ＡＩ）やロボットがさらに進化していくことを考えても、中間層の所得を持続的に押し上げていくのは難しいでしょう。

人々の所得の伸び悩みが世界に広がるとき、その社会の持続的発展は困難となります。だからこそ、その反動が起きないように、国がいきすぎた効率性の追求やグローバル企業の寡占化を規制していく必要が出てきているといえます。

「株買い一色」の世界ではなくなる

さて、この章の前半で「時流に合った投資を行うことで、巨万の富をつくり得る」と説明したことを思い出してください。これからはグローバル化が継続するものの、これまでのような効率性の追求が民意によって阻まれるケースも出てくるため、「株買い一色」の世界ではなくなるということを念頭に置くべきです。

地元のタクシー業界と対立する可能性があるウーバー（Uber）や、地元の消費需要を奪うアマゾン（Amazon.com）などのように、世界規模で効率性を求めるビジネスモデルは、職を奪われることを恐れる民意を反映した各国の政権によって、市場から退場を迫られるケースが出てくる可能性もあります。

その一例として、バルセロナ市の規制強化があげられます。同市では、エアビーアンドビー（Airbnb）などの民泊ビジネスを利用して外国人観光客に高値で部屋を貸し出そうとする大家が相次ぎ、住人の追い出しを図ろうとするケースが問題となりました。その結果、民泊規制を強化する決断をくだしたのです。

このように国境を越えたグローバル企業が現地との軋轢を引き起こしたときには、現地の多数派を優先する裁定がくだされる可能性が今後は高まっていくでしょう。

価格破壊をもたらすだけの産業に投資してはいけない

資本主義の特徴は、集積された資本を循環させることで利潤の最大化を追求するところにあります。資本を消費することのできる空間を常に発見・拡大していくことが、資本の発展には不可欠です。

そのため資本主義は、そうした投資チャンスを発見する行為へと人々を否応なく駆り立てていきます。だからこそ、オランダのチューリップバブルなどの投機や、はたまた朝鮮出兵や世界大戦のような、非常識で悲惨な事態が起こることになるのです。

現代においても、世界的な量的金融緩和によって膨らんだ資本が、マイナス金利政策やそれに続く債券バブルを引き起こし、財政規律の弛緩と史上最大の債券発行残高をもたらしています。

私たちの社会がマネー至上主義、すなわち資本主義を採用している以上は、「資本集積→利潤追求→資本投入→資本過大・利益機会過少→資本毀損」という法則はいつの時代も変わらないのです。

これからの世界では、利潤の効率化・最大化を求めて高速で動く資本が、国家間の壁にぶつかって摩擦を受けることが多くなっていくと予想されます。**すなわち「民主主義＋グローバル化」という組み合わせの世界の到来で、これまでにも増して資本活動の行き詰まりが見えてくることになります。**利潤の最大化を追い求めることが、民意とぶつかりやすくなる世界の到来です。

バブルやバブル崩壊などの大きな変動を社会にもたらす金融資本への風当たりも、今後は大きくなっていくでしょう。市場が管理相場に傾きがちになるこうした社会では、モノ・サービス・カネが減少していくことは必然で、それは株式市場の「冬の到来」を意味します。

今や、高度成長を追い求めることは時流に反します。こうした時代の投資先として価値のある事業とは、独創性のあるモノやサービスを提供しながら相手国の雇用に悪影響を与えないよう配慮する事業か、マイクロファイナンスのように相手国に雇用や付加価値を創出できる事業だと考えます。価格破壊をもたらすだけの産業には投資するべきではありません。

これからは国の政策もベーシックインカムのようなすべての人々が安心して生活を送れるような制度を導入するなど、保護主義の蔓延を予防し、非効率な経済が示現しないように努めることが大切となるでしょう。

第3章

「4つの景気循環論」から考える日本の未来

超長期循環論から見えてくる日本の21世紀

宮城県の南三陸町立戸倉小学校。この学校は、2011年3月の東日本大震災時に23メートルに及ぶ大津波に襲われながらも全員無事だったことで有名な小学校です。教員が生徒を近所の五十鈴神社に誘導し、津波の中にポッカリと島のように神社だけが浮かぶ形で全員が難を逃れたのです。昔の人々が津波の到達点を鳥居で示して、子孫の皆を守ったのです。

歴史を知ることで命が守られた良い事例ですが、もちろん、命の次に大事な「資産」についても、歴史を知ることで守ることができます。

それは、大学の経済学部の学生ならば誰もが最初に学ぶ知識、「景気循環」という考え方です。景気循環論を一言でいえば「歴史は繰り返す」というもので、大別すると、58ページの4つに分けられます。

景気循環の4つの波

景気循環の波については経済学の基本でもありますので、ここで少し説明してみたいと思います。

まず、キチンの波というのは、在庫を積み上げていく過程で生まれる景気の波です。売上にみあう在庫がなければ、顧客は他のお店や商品にいってしまいます。景気が良いときには在庫を積み上げるニーズが増加し、さらに景気が加速することになります。しかし、この逆もしかりで、景気が鈍ると在庫が企業の収益の足を引っ張り始めます。そこで、経営者は在庫を減らすことに注力するようになります。

これは、景気が下落しなくても伸びなくなるだけで新規の発注がストップし、世の中に大きな打撃を与えてしまうということです。このようにして、景気は在庫の循環に応じて上下するエネルギーを見せていきます。

キチンの波は、過去の世界中で行われた計量分析の結果では、およそ4年（約40ヶ月ともいわれる）のサイクルであるといわれています。鉱工業生産指数や景気動向指数などの推移に顕著に現れます。

次に、2番目の長さの景気循環であるジュグラーの波について説明しましょう。ジュグラーの波は設備投資の循環と説明されることもありますが、本書では、より私の実感に近い信用循環という言葉で解説したいと思います。

この波は、銀行の与信態度に大きく依存する景気の波で、たとえば、銀行は通常、担保つき融資という形で企業や個人に向けて貸し出しを行いますが、このとき、担保として多く使用されるのが企業や個人が所有する不動産です。不動産価格が上がっているときには、銀行としては融資が行いやすく、これが景気を刺激していくことになります。

逆に、不動産価格が下がり始めると、銀行の与信意欲は萎縮してしまい、どんなに有望な新規事業であっ

景気循環の4つの波

名前	期間	主な原因
キチンの波	約4年	在庫の変動による景気循環
ジュグラーの波	約10年	信用による景気循環
クズネッツの波	約20年	建設投資による景気循環
コンドラチェフの波	約50年	技術革新による景気循環

ても、さらに多くの担保を要求するようになるなど銀行の貸し出し態度は硬化していきます。こうした与信態度の悪化は景気に対して大きくネガティブに働き、景気の波動は下向きとなっていくのです。

最近の例をあげれば、2007年に起きたサブプライムローンという米国低所得者層向けローンの焦げつきに端を発した世界的金融恐慌がそれに当たります。ジュグラーの波は、およそ10年ごとに現れる景気サイクルといわれています。

そして、3番目の波がクズネッツの波です。これは、およそ20年の周期で現れるといわれていて、ビルや工場などの大型施設の建設需要に応じて生じる景気サイクルです。大型であるが故に、他の生産セクターへの波及効果も大きく、長期的に経済全般に影響を与えていく傾向があります。昨今、日本で話題となっている「カジノ構想」もその中核がカジノを含む統合型リゾート（IR）施設という大型の構造物を必要とする事業構想であるために、このクズネッツの波を育成する可能性が世間の期待を集めているわけです。

景気循環で最も大切な「コンドラチェフの波」

最後にご紹介したいのが、この章のメインテーマであるコンドラチェフの波です。「歴史は繰り返す」といわれますが、経済の動きを波動にたとえて、上昇傾向の25年と下降傾向の25年という50年の期間で社会は大きく変容していくという景気循環論が「コンドラチェフの波」という超長期景気循環論です。

経済学者ニコライ・コンドラチェフ。今年以降、特にこの数年間に渡って、彼の名前が非常に多くのメディアに登場していくであろうと私は確信しています。**時代が大きく変化を遂げようとしている今だからこそ、彼の視点は欠かせないものになるでしょう。**

今後の多極化し不確実性が高まっていく世界を渡り歩いていくためには、ぶれることのないなんらかの拠りどころがないと、闇夜をライトなしで運転するような危険なものになる可能性があります。

コンドラチェフは、今から100年以上も前のソ連の経済学者です。経済の上昇局面25年・下降局面25年の50年を周期として、一国の社会・歴史が展開していくと提唱した人物で、1922年の彼の論文で提唱されたのが、いわゆる「コンドラチェフの波」です。

彼はこの50年周期の社会変動が、ダムや鉄道、発電所などの社会資本インフラの耐用年数と結びついていると考えました。

ニコライ・コンドラチェフ
（1892〜1938）

ダムなどの恒久的資本財への投資が行われていく過程では、規模が大きいだけあって、景気の上向きの波及効果が大きく、国民経済は長期的に上昇傾向を辿ります。そして、その投資効果は25年くらい続くというのです。

そして、社会資本の投資が完成して以降の後半の25年では、社会資本の老朽化が見られ始めるのですが、道路の陥没や発電所の故障に伴う大規模停電など、老朽化に伴う弊害が目に見える形で社会に現れるまでは、莫大な投資が必要な社会資本投資は凍結され、このことが長期的に景気の下押し圧力を生む形で作用していきます。

その後には、目に余るほど社会資本投資の老朽化が進むので、財政面で苦しくても大規模な投資を行うべきという民意が形成されて、国家による腰を据えた次の社会資本インフラ投資が行われるというわけです。見逃せないことは往々にして社会資本インフラは、次世代型の新技術を生み出し、社会に大きく影響を与えていくことです。

こうした過程で、社会資本インフラ投資の更新は50年周期で現れるということがコンドラチェフの波として示現していきます。そして、50年という超長期循環サイクルから世界の流れを考えたとき、２０１８年という年はその節目に当たります。

50年周期から考える日本の未来

今こそ、超長期循環論というハイビームで闇夜を照らし、先々のリスクを排除しつつ生きていくことの重要性を私は感じています。２０１８年から、日本は莫大な社会インフラ整備を行わなければいけない、そうした大きな局面に入っているのです。

それは、日本にとって2018年はちょうど明治維新から150年が経った年だからです。

1868年の明治維新から始まる新興国日本の50年間と、第一次世界大戦が終結した1918年を起点として超高度成長に向かっていく50年間、戦後の高度成長を経て、環境問題など高度成長の負の遺産を解決しながら安定成長に移行してきた今にいたる50年間という3つに分けて考えると多くの日本人にとって、納得感のある社会変容の区切りとなるはずです。

コンドラチェフの波の50年という大きな枠組みが肌感覚でも多くの人に納得感のあるものになっているのは、身近な生活の変化から考えても説明できるものだからです。

人類は古来、生活スタイルの発展段階に応じて、エネルギー利用の用途を徐々に高度化・多様化させていきました。その観点からの時代の流れは、石炭の時代、石油の時代、天然ガスの時代への変容でした。

18世紀に入り産業革命が起きると、石炭をエネルギー源とする蒸気機関が工場や輸送機器、発電用の燃料として使用が拡大し、世界の様相を大きく変えていきました。産業革命以前は人口の大半は農村に居住して農業に従事していたのに、産業革命以後、人口の過半は都市に居住するようになり、その多くは工場で働く労働者となっていきました。

農業社会から工業社会への転換は、定時の通勤や制度化された休暇など、工場での生産活動に合わせた生活様式を一般化させていきます。

また、20世紀に入ってからは、化学工業品などの利用用途が見込めることもあって、石油の使用が拡大していきました。衣食を含めた生活のすみずみに大量生産された消費財が流通するようになり、蒸気機関を応用した交通機関（鉄道、蒸気船）から重油で動く大型の汽船を用いた世界規模での流通の拡大や、ガソリンを動力源とする自動車の発達に伴って余暇の消費も普及し、宿泊施設や飲食店が整備されたり遊園地などが建設されたりと観光地が形成されていきました。**私たちの社会や生活はエネルギー源によって大きく目に見える形で変わってきたのです。**

そして、戦後には、電気エネルギーの利用が産業部門においても家庭部門においても普及したことで、石油の使用量も爆発的に拡大し、その価格も高騰していきました。資源に限りがあり、値段が高く、環境への負荷が高い石油から天然ガスなどの代替的なエネルギー源が模索されて、その使用が拡大してきたのがこれまでの50年間の状況です。

後述しますが、日本についても同様に、コンドラチェフの波を用いて、エネルギー使用の変遷と社会の変化について説明することができます。

なぜ今、水素エネルギーが世界から注目を集めているのか？

私は２０１８年初、アメリカのラスベガスで開催された世界最大規模の家電ショー「ＣＥＳ２０１８」に参加してきました。ＣＥＳとは「Consumer Electronics Show」の略称です。

前年のＣＥＳでは、世界中から18万4千人が来客、４０００社以上が出店したそうで、会場になっているラスベガスはこの時期、例年大混雑でホテル代が１泊通常

4000円程度のところが15万円に跳ね上がるなど、参加するだけでも大変な状況で2018年も例年通りの盛り上がりでした。

CESが開催されている場所は3つのカジノ統合型リゾートホテルに分かれていて、75万平方メートルと非常に広大な会場で、多種多様の新製品が世界中の企業から出展されています。

時間の都合もあるため、莫大な規模の展示をすべて見てまわることは不可能ですが、私は例年興味を持って、燃料電池や水素エネルギーについてのコーナーを注視してきました。

メーカーなど他の多くの参加者とは異なり投資家という目線で、景気循環という視点をベースに、エネルギー面での科学技術の発展の芽はないかと、世界から集まるおよそ4000社の出展を見てまわったのです。

その観点からは、気象条件に発電出力が依存しない安定的な電力供給源となり得る「水素燃料電池」が年々脚光を浴びています。水素由来のエネルギーには、温暖化ガスの排出低減につながるというおまけもあり、その人気には一層拍車がかかっているように思えました。

カリフォルニア州では、２０３０年までに走行車両のうち、現在の15倍近い５００万台以上を電気自動車（ＥＶ）やプラグインハイブリッド車（ＰＨＶ）などの低排出ガス車にする新たな目標を掲げ、２０２５年までに１５０万台とする目標です。また、水素ステーションも２００カ所に増やすことが決められています。

水素とは、元素記号Ｈで表される水素原子からなる物質で、地球に存在する気体の中で最も軽く、無色透明です。水素そのものの形では存在していませんが、水や炭水化物などの化合物には水素原子が多く含まれており、地球上で最も多く存在する元素ともいわれています。

水素が燃焼する際に、酸素と反応することで水とエネルギーが生成されますが、その他の副産物を生み出さないため、クリーン・エネルギーとして世界から注目を集めています。水素製造時の炭を燃やすというアンチ・グリーンなプロセスについてもすでに解決済みです。

水素製造時に生じた二酸化炭素（CO_2）をCO_2の回収・貯留技術で地中に埋めること

で、完全にCO_2フリーの水素を使用することができるからです。

こうして、天然ガスの代替電源になり得るものとして、水素燃料の開発が世界で進みつつあります。水素で走る燃料電池車など色々な活用方法が模索されています。

また、水素エネルギーとは、その名の通り水素を原料としてつくられるエネルギーのことですが、水素エネルギーにはクリーン・エネルギーという長所の他にもう1つ大きな長所があります。水素は先述の通り地球上に多く存在しています。

燃焼すると水になる反面、水を電気分解することでも水素を得られ、それ以外にも炭化水素などからも取り出せるため、実質的には無尽蔵といえます。

そのため、地政学リスクを日本からある程度排除できる可能性も秘めているといえます。

もちろん、短所もあります。水素社会の実現への最大のネックはその価格です。現在は水素の体積を圧縮するためには、低温で液化する必要があるなどコストがかかっていることに加えて、大規模な液化設備や耐久性の高い専用タンクなど厳しい安全対策が求められ、結果として高コストになっています。

大規模なインフラ投資は、水素ステーションの建設も含めた水素エネルギーの総合使用コストからすると必須です。次世代の社会インフラとしては、割高でとても割に合わないと世間では考えられてきました。

しかし、現在では、そうした高いコストを引き下げるための方策として、「燃料電池」を活用することが提唱されています。燃料電池は、水素と酸素で直接電気化学反応を起こして電気と熱を発生させ、そのすべてを利用することになります。

理論上、もともとの原料が持っていたエネルギーの約80％を利用することができ、無駄がなくなる分、コストを下げることができます。

従来の火力発電などが、ボイラーやタービンなどの過程を経て最終的に利用されるのは全体の35％の電気エネルギーのみという状況に対し、電気と熱を両方利用できる水素エネルギーを使用することは、ロスが少なく効率的だといえます。

さらに、生成物としては最終的に水しか生まないため、エネルギーの生産段階では二酸化炭素を排出しないクリーン・エネルギーというメリットも担保できます。

こうした燃料電池をアイデアの基礎として、日本が世界に先駆けて市販したものに燃料電池自動車（ＦＣＶ）があります。ＦＣＶは、水素と空気中の酸素によって発電しモーターで駆動する自動車ですが、ガソリン自動車よりもエネルギー効率が高く走行時にはCO_2を排出しません。

また、EVと同様に発電した電力を外部に供給することも可能です。水素タンクを持っているのでEVの数倍の供給能力があり、災害などの非常時における避難所への電力供給などの活用も期待されています。

2014年にはトヨタ自動車から、世界初の燃料電池で走る車「MIRAI」が発売され、また、自動車産業以外にも、「エネファーム」という燃料電池を利用した給湯器がすでに全国の家庭で利用されるなど、実績もできつつあります。

そして、水素エネルギーの使用量が拡大していけば、規模の経済から単価も安くなり、ますます私たちの社会に欠かすことのできない社会インフラとして整備されていくことになるでしょう。

CESからの帰路、ラスベガスからロサンゼルスに向かう車窓からは、超巨大な太陽光発電と風力発電の設備が果てしなく砂漠に広がっている光景を見ることができます。ラスベガスの使用電力の100%を非化石燃料による発電で賄うことを目標に、こうしたグリーンエネルギーの使用を拡大しているのが現在のラスベガスのエネルギー事情です。

アメリカではトランプがエネルギー転換の足を引っ張る

理念があり、その後に計画と実行が伴うことで、ラスベガスでは脱炭素社会の実現が眼前に広がっています。これは、日本にとっての大きなヒントとなるでしょう。

意志さえあれば、脱炭素社会は数十年かけて徐々に実現させることが可能なのです。ただし、アメリカのような産油国では、次世代エネルギーの模索は既存産業との間に大きな摩擦を引き起こす可能性があります。現に、トランプ政権では産油産業を保護するために、地球温暖化を阻止するためのパリ国際協定からの脱退を模索する動きが顕著です。

そのアメリカの超長期循環は日本と比較するとずれていて、半期（25年）ほど早い可能性があると私は考えています。これは、日本が極東に位置している地政学的な理由からです。

実際、エネルギー変遷の歴史を振り返ってみたとき、日本は欧米と比較してその遅れが目立ってきました。たとえば、石炭で動く蒸気機関は、19世紀初頭には欧米では一般的になっていきましたが、当時の日本では木炭が主なエネルギー源でした。1853年にようやく佐賀藩が蒸気機関車や蒸気船の模型をつくっています。

同じ頃、アメリカでは次世代型のエネルギーである石油が発見されています。ペンシルバニア州の川からポコポコと浮き上がってきている油を採取し、灯油の原料としたのが石油の始まりといわれています。

1859年にその石油をドレーク大佐が機械掘りしたことで大量の油性が出現、石油生産の一大画期をなしました。主に鯨油にかわる安価な灯油の原料として使用され始め、ゴールドラッシュならぬオイルラッシュが起きて、多くの人々が油田を目指してアメリカ大陸を横断していきました。

この石油から灯油を精製した後に残るのがガソリンでした。ガソリンは当時、産業廃棄物として廃棄されていましたが、石油精製業者であったジョン・D・ロックフェラーは、内燃機関（ガソリンエンジン）の燃料として再利用することを思いつきました。

内燃機関自体も1876年に開発された新技術でしたが、ロックフェラーのスタンダード石油社が生み出す安価なガソリンで、内燃機関で動く自動車などの新産業が飛躍的に発展していきました。同じ頃、日本では、はじめて蒸気機関車による鉄道が開通（1872年）しています。

その後、石油の使用は拡大の一途を辿ります。20世紀はじめには船舶も石炭よりも熱効率の良い石油由来の重油を使うようになり、また、第一次世界大戦で飛行機や戦車が開発されたことも石油需要拡大の大きなトリガーとなりました。

産油国の偏りが世界の地政学リスクを高めた

問題は、産油エリアに偏りがあったため、地政学リスクを世界中で高めていったことです。社会インフラとして石油は欠かせないものとなり、また、飛行機や戦車、軍艦などの軍事兵器の燃料に必須のものになるにつれて、石油は戦略物資として位置づけられるようになったためです。持てる国と持たざる国では国力に大きな差がつくことになりました。

特に、石油を輸出する国と日本のように輸入する国では、自国の死活問題を他国に握られることが懸念されるようになっていきます。実際、1941年には、アメリカの石油に約8割依存していた日本が、日本の南部仏印(現在のベトナム)進駐に伴って石油輸出をストップされてしまい、国家存亡の危機に立たされたことがありました。

第二次世界大戦の後には、世界の産油エリアが徐々に、アメリカとソ連によって二分されるようになっていきました。世界が核兵器の均衡を下に冷戦に突入していたこの時期、日本では、安定的な石油供給がアメリカによって担保され、高度成長時代が訪れています。

当時は、世界の石油使用量の爆発的増加に対して、その枯渇が意識されていたアメリカ国内の産油事情に比べて、世界の産油地域の中心となっていったのは中東地域でした。ところが、イスラエル排撃を理由として、親イスラエルの欧米に対する反感が中東産油国の間で強くなっていきます。

突如、アラブ諸国対イスラエルで第4次中東戦争が勃発し、中東の主要産油各国が、石油生産の段階的削減と原油公示価格の大幅な引き上げを発表しました。1973年のことです。この結果、1バレル3・01ドルから5・12ドルへ70％引き上げること、そして1974年には11・65ドルへの引き上げが発表されました。

石油価格の暴騰は、エネルギー源を中東の石油に依存してきた日本経済に冷水を浴びせます。前年からの列島改造計画で地価が高騰し、インフレの懸念が拡大していた日本に輸入物価のインフレが直撃する事態となったのです。

これが、いわゆる石油ショックです。このことが契機となって、日本を含む世界先進国各国で、インフレ高騰による社会不安が拡大しました。この結果、安全保障上でも、戦略資源としての石油の優位性が揺らいでいくことになります。日本が省エネルギー技術の開発に加えて、原子力技術開発に邁進していく契機となりました。

しかしその後、1979年の米スリーマイル原子力発電所事故や、1986年のソ連のチェルノブイリ原子力発電所爆発事故で、原子力発電の危険性が欧米で大きく認識されていくようになります。

放射能汚染に直面した欧州では、核汚染の恐怖がトラウマになって、原子力にかわる他の脱化石燃料エネルギー源が求められていくようになりました。1997年に締結された京都議定書（気候変動に関する国際連合枠組条約の京都議定書）が発効されてからは、温室効果ガスを発生させないエネルギー源の使用が推奨され、太陽光発電や風力発電などの自然エネルギー由来の電源が増加していきました。欧州では、総電源に占める割合が3割以上になるほどに拡大しています。

日本でも、2011年に発生した福島第一原子力発電所事故で、放射能汚染に直面したことを契機として、原子力発電における安全神話が崩壊しました。欧州に遅ればせながらも、原子力にかわる新たなエネルギー源の模索が国家の急務となりました。

現在では、日本政府も税制優遇をはじめとして、自然エネルギーや水素発電の技術開発に大きな支援を与えるようになっています。

4つの波がすべて上向きになる

超長期景気循環論からは、2018年以降の日本が、大規模な社会インフラ整備を行っていかなければならない大きな岐路に立っていることが分かります。

また、これからの日本では、短期、中期、長期、超長期の4つの景気循環の波が、同時に上昇に転じる局面が訪れます。これは、1965年から始まった「いざなぎ景気」以来のことです。ちなみにこの100年では、日露戦争や第一次世界大戦の頃などわずか数回しかありません。

歴史的なエネルギー源の変遷の過程と景気循環論から、次世代のエネルギーインフラへの投資について今から準備していくことの重要さが見えてきました。新エネルギーの開発とその使用の拡大によって、将来の日本に明るい景気の波がやってくる可能性が非常に高いと私は考えています。

アメリカと25年ほど周期がずれている日本の超長期景気循環の観点からは、既存産業からの制約が大きなアメリカとは真逆に景気循環の追い風が吹きつつあり、政治的な軋轢もない日本にとっては大きなチャンスがやってきているのです。長いチャレンジは始まったばかりだといえるでしょう。

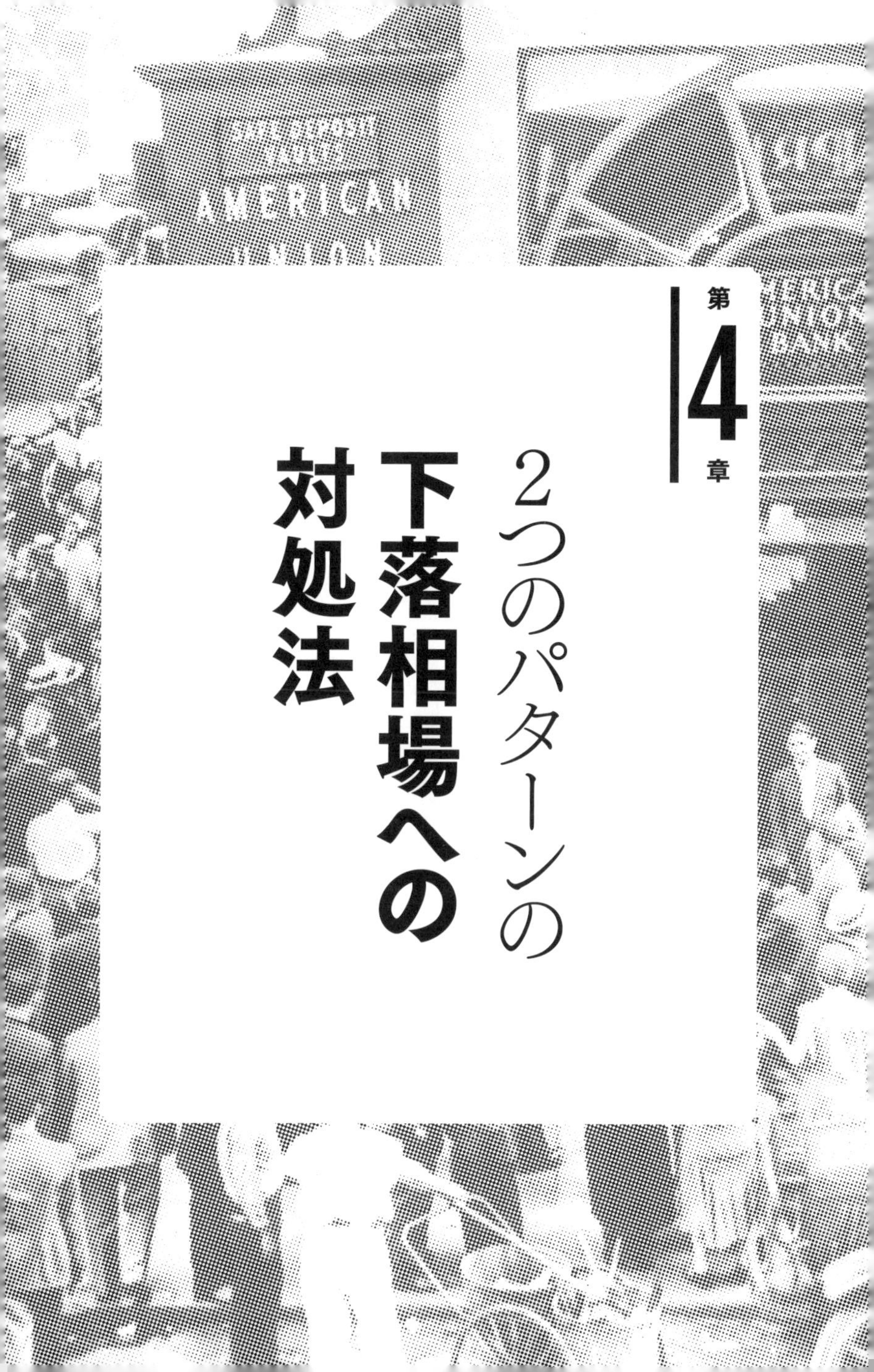

第4章

2つのパターンの下落相場への対処法

「得する分散投資」と「損する分散投資」

どんなに分散投資をしても、市場が下落する局面ではどうしても損失が発生してしまいます。投資信託の多くは、債券や株、不動産といった商品に対して分散投資をしていますが、これらは基本的に市場が下がれば、すべて下がる商品特性があります。

それは、海外の株や債券に投資をしていても同じで、今は世界中の市場がリンクしていますから、日本の株式市場が下がったらアメリカの株式市場も下がるということは多々あります。

これからご紹介するのは、こうした下落局面を逆に吉と変える方法です。

歴史を振り返ってみると、往々にして多くの財閥の祖はこうした下落局面を味方にして巨万の富をつくってきました。下落への備えをきちんとしている人とそうでない人で、いわゆる勝ち組・負け組という差ができてしまうのです。

最近では、１９９７年に起こったアジア通貨危機で莫大な富をなしたヘッジファンドマネージャーのジョージ・ソロスや、2007年のサブプライムローン危機で150億ドルという巨額の利益を上げて名を上げたジョン・ポールソンなどが下落局面を味方につけて成功を収めました。

バブルの崩壊への対処法

下落に備えるには、まずは下落には2つのタイプがあるということをしっかりと知っておく必要があります。**1つが「ビッグショート」で、もう1つが「ショートホール」と呼ばれるものです。**

ビッグショートは、バブル崩壊やリーマンショックなどの金融危機時に見られる価格変動で、場合によっては、日経平均株価やダウ平均株価のような株価指標が半値以下になることもあるかなり大きな下落幅です。ソロスやポールソンのケースは、10年ごとに訪れる信用循環の波によって大きく動いた市場変動を、ビッグショートとしてうまくとらえたものです。

一方で、ショートホールとは景気サイクルで発生したり、市場が一時的に調整したりする局面など、ビッグショートに比べて大きな下落ではないものの、株価指標が1割などそれなりに下落するものを指します。

　この2つを回避することはできませんが、対応策を取ることは可能です。

　まず、ビッグショートに対しては、市場が下落したら反対に上がる商品を投資対象に組み込むことです。相場が下がったときに価格が上がるので、ビッグショートが発生した場合には、その投資対象は大きなプラスを生み出し、全体としてのマイナス幅は軽減されることになります。

　そして、その投資対象の利益を確定し、ビッグショートで下がって割安になった商品を買うのです。その後に市場が落ち着い

ビッグショートとショートホール

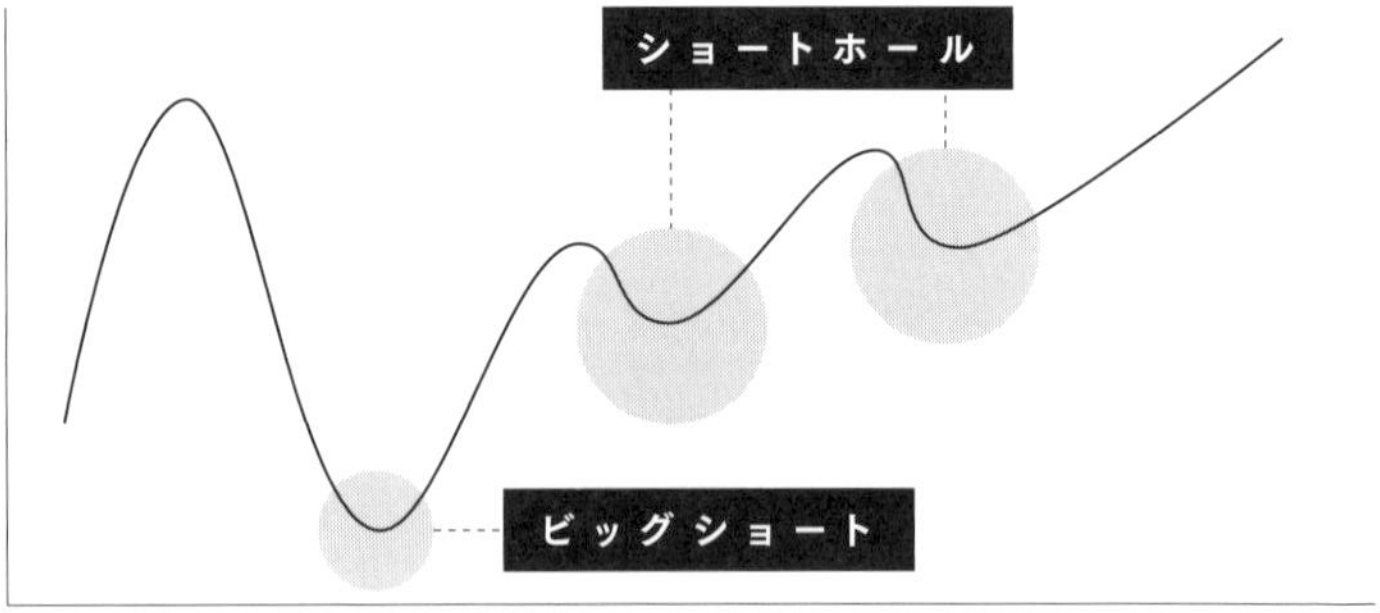

ビッグショート：VIXを利益確定してバーゲンになった商品を買う局面
ショートホール：下落を恐れずに粛々と株を買い増す局面

て値を戻していく段階では、その割安で買った商品がどんどん値上がりしていくことが期待できますので、何も対策を取らなかった投資家よりも早く資産を回復していくことができます。

そして、私がお奨めする方法は、「ＶＩＸ（恐怖指数）」を投資対象としてポートフォリオに組み込むことになります。ＶＩＸは、市場の変動が大きくなればなるほど価値が上がる傾向にあり、市場が大きく下落する局面では、ＶＩＸは大きく値上がりする特徴を持っています。

ちなみに、こうしたＶＩＸをベンチマークにしてベンチマーク対比で勝ち負けを争う「ブラックスワン投資商品」は私の運用戦略の柱の１つになっています。

ブラックスワンとは、事前にほとんど予想ができない一方で、起きたときの衝撃が大きい出来事のことをいいます。ヨーロッパでは、白鳥は白い鳥だけだと思われていたのに、１６９７年にオーストラリアで黒い白鳥が発見されたことが由来となっています。

他の投資家がパニックになっているときに儲ける

もし、ＶＩＸのような市場が下がったときに、保有益を得ることができる商品をポートフォリオに組み込まずにビッグショートがきた場合、あなたが投資している対象はすべて値下がりしている状態になるので、ここからさらに資金を投じて割安になったからといって追加投資することは精神的にも難しいはずです。

ただでさえパニックのような市場環境になっていますので、そこを冷静に判断して投資するのは実際問題として困難といわざるを得ません。

しかし、ＶＩＸがあれば、市場を見る目に余裕ができるはずです。そして、ここからが肝心です。ビッグショートでＶＩＸの保有益が拡大する局面では、その利益を確定し、その利益分を割安になった株や不動産などの他の投資対象に投資をすることをしなくてはなりません。

多くの人がパニックになって思考停止になっている、または投げ売り状態になって

いるときにこそ、冷静に市場価値を判断し、株式の割安局面には勇気を出して買い向かうべきなのです。それができる人たちがその後に富豪になっていくのです。

買い向かうためには精神的余裕がなければなりませんが、その余裕を与えてくれるのがこのＶＩＸ投資なのです。ただし、ＶＩＸ投資については１つ注意すべきポイントがあります。

この指数は、非常に大きく変動する性質があります。ポートフォリオの１、２割といった程度にしておくべき投資商品です。

あくまで総合ポートフォリオの主食は、株や債券といった実体経済にリンクするものであって、ＶＩＸはそのおかずにすぎません。あくまで主食が機能しなくなる局面での「保険」の位置づけで考えるべき商品です。

また、２つ目のショートホールについては、ＶＩＸを活用することもありますが、むしろこちらは時間が解決するということを意識して運用します。ショートホールについては、下がったら下がりっぱなし、ということは稀です。

景気サイクルに応じて市場が回復することを念頭におけば、時間はある程度かけながらも、価格は戻るものと考えられます。

いずれにせよ、ＶＩＸなど市場の下落局面にも強い投資商品を保険としてポートフォリオに入れておけば、慌てて投げ売りなどする必要は全くないわけです。

むしろ、ショートホールで下がった場合には、株式や債券といった通常の投資商品を積み立て投資し続けている人たちにとっては追い風です。毎月一定額を投資する方法を採用している人たちにとっては、ショートホール時には割安で買えることから、ポートフォリオにとっては適切な投資のタイミングを捉えることができたことになります。将来的には、大きな投資リターンの源泉になり得ます。

過去のダウ平均株価の推移を見れば明らかですが、ブラックマンデーやリーマンショックなどの大きなバブルの崩壊があっても、数年の間に株価は元に戻ることが多いです。長いスパンで見れば、暴落時の安値圏でしっかりと投資を行うことが資産形成においては非常に重要だということができるでしょう。

また、ＶＩＸに投資をするには、ＥＴＦの「国際のＥＴＦ　ＶＩＸ短期先物指数（東証銘柄コード：１５５２）」が有名です。しかし、このＥＴＦには注意点があります。

この商品は、基本的に右肩下がりで価格が下落していく特徴を持ち、長期保有に向かない設計となっています。よって、基本的には価格は下がり続けるということを理解しておかなければいけません。

一方で、市場がクラッシュをした際に大きく価格が上がることが期待できるので、そのときにちゃんと利益を確定して売却する、ということをしなければなりません。しかるべきタイミングで売却しなければいけないという難しさも念頭において投資する必要があります。

「ビッグショート」と「ショートホール」は見分けられる

では、次にどうすればビッグショートとショートホールを見分けることができるのかという疑問についてお答えしていきましょう。

その答えは、資産バブルの崩壊が発生していればビッグショート、それ以外の下落状況はショートホールと考えるというものです。

ビッグショートは、資産バブルが崩壊するときによく見られる市場現象です。そして、広範囲に大きくネガティブな効果を長期間に渡って及ぼしていきます。

一方で、資産バブル崩壊時以外の下落状況は、基本的にはショートホールと見ていいと私は考えています。

ちなみに、私はこの原稿を地中海に浮かぶ島、キプロス共和国で執筆していました。この国が主催するヘッジファンド国際会議があり、プレゼンターとして招かれて、欧州各国政府、ヘッジファンド、周辺産業業者を中心としたおよそ600名の前で、この章の骨子となるバブル（バブル崩壊）とはなにかというテーマで私の考察を紹介しました。

キプロスでは、2013年に未曾有の資産バブルの崩壊がありました。その結果、金融恐慌が発生して預金封鎖が行われ、キプロス国民は10万ユーロ以上の預金はすべて没収されたという経験をしています。

キプロスは、人口85万人ほどの面積が四国の半分程度の小さな国家で、小国ながら欧州連合に加入し、2008年から自国通貨としてユーロを採用しています。

特に、キプロスのGDPの7割以上を占めてきたのがサービスセクターで、会計事務所や弁護士事務所、金融機関などがそのサービスセクターの主を占めています。主に東欧のオフショアセンターとして資金を集めてきた経緯がある国で、２０１３年当時までは、ＧＤＰを数倍上回るお金が東欧から流入していました。

その巨額の海外資金の運用に困ったキプロス銀行などの地場の金融機関が、同じギリシャ人として馴染みがあり、同じ通貨のユーロを採用しているために為替リスクがない、かつ高利回りの国債のギリシャ国債にその資金の過半を投資していました。

通貨がユーロに統一されて、比較的低いユーロの短期金利がギリシャに適用された後一気にその国債は人気化していたので安全資産だと思われていたのです。

ところが、ギリシャが債務危機を起こし、いわゆるギリシャ危機が発生すると、ギリシャ国債の価格が暴落してキプロスの金融機関の運用資金が回収不能になるという事態が発生しました。

国債への投資が損失を生むなど、キプロスの誰もが思いもしなかったことでした。

しかし、国債とはいえ実体以上の値づけがギリシャ国債に対して行われてきたために、その反動としてブラックスワンが起こってしまったのでした。

資産バブルが起きる3つの条件

私は、資産バブルが起きる条件には、以下の3つがあると考えています。

①長期的に継続する金融緩和とインフレ調整後のマイナス金利環境

1930年代の軍需景気に火をつけた昭和恐慌後の高橋財政の時期や、平成金融恐慌後の日本の超金融緩和の時期がこれに当たります。

②規制緩和や技術革新による実体経済の変化や潜在成長率の上昇を実体より低く見積もった市場環境

古くは、16世紀の船舶技術がもたらしたスペイン銀の供給増大と、大幅なインフレを後にもたらした価格革命の時期や、近年では、1995年の「Windows 95」の発売やインターネットの普及以降に起きたIT革命、ドットコムバブルやITバブルが起きている現在にいたる世界の状況がこれに当てはまります。

③市場（債券市場）での楽観論の広まりや、潜在成長率の上昇を低く見積もって金利を引き上げるべきなのに債券金利が低くあり続ける状態

第二次世界大戦中の価格統制経済と戦後に物価暴騰に見舞われた日本や、アジア危機下にあった東南アジア諸国などがこれに当てはまります。

ちなみに、私はこうした3つの条件が、現在世界的に現れつつあるとみています。

①については、日欧米英での金融緩和的な状況から考えるに、欧米では金利の正常化がスタートしているものの、いまだに慎重なスタンスが見られるために引き上げるべき水準まで金利が上がるのにはまだ時間がかかりそうです。まだ金融緩和の状況が続いているということです。

②については、トランプ大統領による金融規制緩和や、ＡＩやロボットの投入による大規模な機械化などによって資本装備率の引き上げが着々と生産性を押し上げる状況が見込まれることです。これらによってすでに実質的な潜在成長率が上がってきているのです。

そして、③については、アメリカの有力資産運用会社が唱えていたように「ニューノーマル」として、潜在成長率は下がっているから金利は低いのだという物価の低さを根本から肯定する論調がある点です。物価動向に関する極端な楽観論が債券市場（金利の低下）を支え始めています。パウエルＦＲＢ議長もこの論の支持者です。

こうした3点を背景として、資産バブルが育成されているのが現在の世界だと私は考えています。相場の先行きに楽観論が強まり、低インフレや低金利は構造的なもので今後も長期間続くという見方が広まって、投資資金が株や不動産、高利回り債券に資金が流入している状況がこの10年間続いています。

ただし、歴史を振り返ると、このような物価動向についての超楽観とその後に起こる超悲観は毎回繰り返されていることであり、だいたい約10年に1回の割合で「バブル」は繰り返されてきています。

この10年サイクルは「ジュグラーの波」の信用サイクルとぴったりと一致するもので、楽観論が適切な水準を超えるファイナンスを企業や銀行に許容するとき、バブル（資産価格の実態との乖離）が発生し始めるのです。

2008年のリーマンショックから約10年が経過しています。今回も歴史をなぞる可能性が高まっているといえるでしょう。VIXを組み込んだポートフォリオを今のうちにしっかりとつくっておく必要があると思います。

世界で足並みを揃えられない利上げ

さらに、私が注目しているのは、世界を瞬時に動き回ることができる国際マネーの動きがこうした低金利の楽観論の醸成を助長しているのではないかということです。たとえば、アメリカがインフレの芽が出てくるような実体経済の改善に合わせて金利を上げたとしましょう。ところが、日本でまだインフレの芽が出てこなければ、IT革命を経て国際金融市場が極めて発達している昨今では、コンピューターのボタン1つで、すかさず日本国内の資金が金利の高いアメリカの長期債券に殺到することが可能になります。

その結果が、債券市場の長期金利が政策金利の引き上げに合わせて上がってこなくなるという状況です。この債券市場の低金利状況が続くことを見て、物価の楽観論という間違いがアメリカの債券市場で広がり始めていると私は考えています。

この資金に当たる部分は日本の銀行にとっては借り入れに当たり、その預金を原資にした日本の銀行の資金運用は安全資金である債券によって運用されています。

円債券については、その大半が日銀のマイナス金利政策によってゼロ％以下となっているため、円債券ではなく外債にその資金が流れていっています。また、外債投資の際には多くが為替ヘッジつきとなっています。

この為替ヘッジつき外債投資というものはやや複雑なのですが、ざっくり言ってしまうと、外債投資を円債投資のような形に転換できるというものです。

外債の長短金利差が円債の長短金利差よりも大きい場合には、あたかも円債投資のように為替リスクがないにもかかわらず、円債よりも大きなプラスの利子を手に入れることができることになるのです。

さきほどあげたキプロスの例ではないのですが、アメリカの国債への投資であり、かつ為替リスクもない投資であるためにリスクが限定されるという錯覚を後押しするような状況がこの10年間ずっと続いてきました。この錯覚が絶対の事象であると捉えられてしまい、大きな悲劇が起きてきています。

2017年になって、アメリカの金利が上がり始めると日本の銀行の債券ポートフォリオが大きく毀損し始めているのです。2018年3月期の銀行決算からは、その多くが外債投資の失敗で大きく傷ついている状況が分かります。

一方で、これまで米国債券市場は、日銀による未曾有の異次元緩和の恩恵を日本の銀行による為替ヘッジつき外債投資を通じて受けることができてきました。アメリカの政策金利が上がっても日本の銀行が米国債を買い支えてくれるため、米国債券市場が堅調だったからです。

放漫財政でいろいろ無茶を通しても長期金利がそれほど上がらず、したがって、容易な借り入れをトランプ大統領は享受できてきたわけです。

ところが前述のように、この日本の銀行による為替ヘッジつき外債投資がうまくいかなくなってきています。

外債の長短金利差が、欧米の金利の正常化の流れの中で縮小してきたため、日本の銀行を通じて流れてきた巨額資金が米国債券市場から引き始めています。今後、米国債券市場が大きく動揺していくことがあれば、ビッグショートにつながる動きが大きくなると考えています。

かつてキプロスがギリシャ国債を支えてきたように、日本の資金が米国債券市場を支えてきました。しかし、アメリカの長短金利差の縮小が日本の銀行の為替ヘッジつき外債投資を縮小させ、その結果、米国債券市場から流動性が奪われてきています。最終的には、株式市場を支えてきた低金利環境というバブルを破壊していくことにつながっていくでしょう。


ところで、日本の銀行にこうした無理な外債運用を強いているのは他ならぬ私たちです。つまり、日本の巨額の家計資産が背景となっています。

日本の家計は、超低金利で利息がほとんど見込めないにもかかわらず、手持ちのお金を「株式」や「投資信託」などで運用しようとせずに預金を拡大させているからです。

では、なぜ投資をしようとしないのでしょうか？

「投資はだまされるイメージがある」「金利は低いけど銀行は安全」「株に投資はしない。リスクがあるから」「今後の不安を考えて、ただ堅実に貯めているだけ」といった声がニュースでも取り上げられているのを耳にします。

そうした不安の集大成として、多くの人たちが元本保証される「現金・預金」を選択することは決して理解できないものではありません。**しかし、こうした日本人の心理が、極端なところまで行き着きつつあるように私には見えます。**

お金を銀行に預けず手元に置いておくいわゆる「タンス預金」の増大です。この15年間で50％も増え、全体でおよそ43兆円にものぼると試算されています。

金庫の売り上げはここ1、2年で10％増え、その顧客は主に高齢者です。最近では、数億円もの多額の現金を保管できる大きなサイズの金庫の問い合わせが増えているようです。こうした異常事態の行き着く先はどのようなものなのでしょうか？

私たちがお金を欲しがる3つの動機

私たちは、常に「お金」を欲しがっています。もっとお金があればいいのにと思ったことのない人などいないのではないでしょうか？

では、私たちはなんのためにお金を欲しがっているのでしょうか？

その動機は大きく3つに分けられると思います。

1つ目は、今なにかしらのサービスや商品を購入するためという「取引動機」です。服が買いたい、このケーキが食べたい、旅行にいきたいといった日常生活の中で抱く欲望を満たすためのお金です。

2つ目は、「予備的動機」です。これは将来においてなにかサービスや商品を購入するためにお金を保有しておこうというものです。

来年には引っ越しをしたいからその資金を貯めておく、結婚式までに300万円貯めたい……といった将来の目的のためのお金です。タンス預金につながる将来不安についてもこのカテゴリーに入るでしょう。

3つ目は、「投機的動機」です。将来なにかの金融資産に投資するのに備えて、今のところはお金（＝貨幣）という流動性の高い資産で保有しておこうという考え方によるものです。

1つ目の取引動機、2つ目の予備的動機については理解できた方も、3つ目の投機的動機には首を傾げられたかもしれません。投機的動機については、これまで考えたことがないという人もまだまだ多いことと思います。

しかし、今後より良い未来を生きていくために重要なテーマとなってくるのがこの投機的動機だと私は考えています。 投機的動機というのは、お金を保有する際の機会費用が少ないときに拡大します。つまり、預金金利が低かったり、株式投資に期待できるリターンが見込めなかったりといった状況では、現金を持っていることで失うものが少ないということです。

したがって、実質金利とインフレ率の足し算である「名目金利」が低ければ低いほど投機的動機が高まっていき、実はこれが理由で、タンス預金などのお金の退蔵が起きやすくなるのです。

昨今は、ゼロ金利やマイナス金利の世の中です。これはつまり、誰もが受け取ってくれる容易さという観点から見たときに一番使い勝手のいい「現金」という貨幣を保有する動機が高まっているということを意味しています。ゼロ金利やマイナス金利政策のもとでは、現金に対する需要は理論的には無限大になります。

プラスの金利であれば現金は預金され、銀行から貸し出しが行われて、企業の設備投資などに資金は配分され、その結果、直接・間接的に市場にプラスの収益をもたらすという流れができるのですが、ゼロ金利やマイナス金利の世界では生産の向上に役立たない貨幣という形で資金が保有されることになります。

もっと極端な形でいえば、マイナス金利を預金につけられるくらいなら、タンス預金にしてしまおうということです。これは、日本経済が１９９０年代後半にも陥ったことのある「流動性の罠」とも呼ばれる危機的状況です。

現在は銀行預金も拡大しているので、タンス預金の拡大はあまり目立たないのですが、そうはいってもタンス預金が増えることは、その分、本来ならば銀行システムに流れるお金の量が減ってしまうことを意味しています。

その場合、銀行が貸し出す能力の源が減少していくことになるため、静かに景気後退の流れができていきます。実際、日本で２０１６年２月にマイナス金利が導入されると株式市場は銀行株を中心に急落しました。

信用創造の源である銀行の体力が減っていくこと自体が企業への貸し出しを増やす云々以前の大問題だったことに日銀の黒田東彦総裁は気を払っていなかったということです。

目先の家計資産を無理やりにでも預金の外に追い出そうとしてマイナス金利政策を強行した結果、逆の効果がもたらされてしまったのです。

預金を減らすことが銀行の死活問題につながることを、理解していただけたと思います。

ＢＩＳ規制での自己資本比率規制である８％という数字を念頭におけば、１の預金を12・５倍にまで拡大できる信用創造の逆回転が起きて、理論上は預金が８％減ると預金総額に相当する額の貸し剥がしを銀行が行うことが要求されてしまいます。

逆にいうと、預金を増やすことができれば、銀行は色んな災難を覆い隠せるともいえます。

目下では、高齢者の投資リスクへの回避姿勢に助けられて預金が増えているので、金融システムの不安が起きずになんとか凌げているといった状況でしょう。ただし今後、債券バブルが破裂していく過程で金融システム不安が起こることも可能性としては否定できません。

そして、そのときにはほぼ間違いなく預金はメガバンクや郵便局に集中して、大半の銀行ではマイナス金利下で銀行の体力が蝕まれているために、貸し剥がしが増えていくことになるでしょう。

メガバンクのリストラや地銀の再編などは、そうした事態に今のうちから対応したいという金融庁により推進されているといえなくもないですが、実際に森信親元金融庁長官などは債券バブル崩壊への懸念や地銀の再編の必要性についてすでに言及しています。

金融庁が２０１７年６月に発表した地銀１０５行の２０１７年３月期決算概要によると、単体ベースの最終損益の合計は前年比14・7％減の1兆2億円の黒字でした。貸し出し金利の利ざやが縮小したことで、2年ぶりに減少に転じていました。

この数値は1年たった２０１８年６月の同様の公表では９９６５億円となり、前年からさらに減少、とうとう1兆円の大台を下回っています。地方では高齢化も進み、貸し出し需要は今後も回復が見込めない状況です。

しかし、日銀の金融緩和政策で低金利が続き、貸し出し利ざやが縮小し、過半数の地銀が本業の顧客向けサービス業務で赤字に陥ったと金融庁は指摘しています。短期的な有価証券運用に依存し、アパートローンも増やしている銀行各行に対して、持続可能なビジネスモデルの構築を求める金融庁の警告も背に腹はかえられない地銀の経営陣にとっては暖簾に腕押しの状況です。

信用サイクルは約10年ごとにやってきます。２００８年9月15日、米国投資銀行のリーマン・ブラザースは連邦破産法11条（チャプターイレブン）を申請し、これをトリガーとして世界的な金融危機が発生しました。

当時、本来であればウォーレン・バフェットのいう「涎の出るバーゲンセール状態」にもかかわらず、多くの投資家にとって底値で株式を買うことは精神的にできませんでした。

それができていた人々は、ＶＩＸ投資を行っていた人や、毎月の積み立て投資を粛々と行い続けていた人たちでした。私自身は当時ブラックロックで、絶対収益追求型のグローバルマクロ戦略ファンドを運用していましたが、ビッグショートに備えるポジションが奏功してブラックロックでは最大のパフォーマンスを出す大きな成果を収めています。

ちなみに、リーマンショックという名前は日本だけで、世界的には「The Global Financial Crisis」といいます。マイナス金利という言葉も英語では、ネガティブ金利です。海外の人に説明する必要がある方はご注意してください。

ここ数年株式市場は一見堅調な動きを続けていますが、債券市場の動きから見れば、それを支えてきた日本の銀行の体力はマイナス金利政策のもとで弱まり、なんとか銀行を支えてきた為替ヘッジつき外債投資もうまくいかなくなってきているという現状です。

資本主義の根幹を支える銀行の持つ信用創造がうまく機能せず、むしろ逆回転し始める気配が見えてきていることに私は危機感を覚えています。

ぜひ、読者の方々には本章の内容を踏まえた準備として、上昇相場向きのポートフォリオから下落局面にも強いポートフォリオへの転換を今のうちから行っていただきたいと思います。

第5章

歴史から学ぶ「インフレと金利」

FRBはなにを懸念していたのか？

「我々はバブルを経験している。株ではない。債券だ」

2017年、グリーンスパン元米連邦準備制度理事会（FRB）議長が危機感を露わにしたことが、当時話題になりました。債券運用歴20年の私から見ても、これは極めて正しい意見だったと思います。世界同時金融恐慌が起きた2008年以降、各国の中央銀行が行ってきた超金融緩和政策によって、膨張したマネーが米国債になだれ込み、債券価格が急騰（金利が大幅に低下）しました。

元議長が警告を発していた2017年の米長期金利は2％前後、4〜5％で推移していた2008年のリーマンショック前の約半分で推移するほど低迷していました。

アメリカ経済が正常化し、失業率が低下して体感の物価が上がり始めている中では、この2％という長期金利の水準は極端に低いレベルにあったといえます。その後、元議長の予想は的中し、2018年にアメリカの長期金利は3％を超えていくことになりました。

ファンドマネージャーの仕事は物価の未来を予測すること

インフレ、もしくは物価変動の将来を予想し続けることができるならば、資産運用で巨万の富をつくり上げることが可能です。

資産運用業務のプロであるファンドマネージャーの仕事とは、世界の物価変動の未来を予測することであると言っても過言ではありません。**物価の動きによって、国際金融市場はもちろん、社会も大きく影響を受けてしまうからです。**

歴史を振り返ってみても、物価のありようによって社会は大きく変化してきました。開国したことによってモノが世の中に流出し、物価の高騰が続いた江戸末期の日本では、各地で騒乱が起き、それが倒幕へつながっていったように例をあげればきりがないくらいです。

「古より国家の動乱は人心の動乱より起こると言われている。人心の乱の基は、十中八九までは、米銭不勝手より万事起こるものだと承り及んでいる」

薩摩藩きっての名君と謳われた島津斉彬が残した言葉はまさに金言です。

インフレの影響を大きく受ける債券市場

インフレが社会に影響を与えていくプロセスはいくつかありますが、まず、インフレの動向がダイレクトに影響するのが債券市場です。後述しますが、市場でやり取りされる債券価格が決定される大半の要素がインフレ期待によるものとなっています。

そして債券市場は、株式市場とは比較にならないほどの大量の資金が行き交う市場であり、債券市場の揺らぎは、大きな市場の変動を世界中のあらゆる金融市場にもたらすことになります。債券市場の揺らぎによって社会が動揺した事例として記憶に新しいところでは、2008年の世界同時金融恐慌があげられます。

当時は、欧州の金融機関の体力の低下が危ぶまれており、利下げが望まれる状況にありました。しかし、アグフレーション（農業を意味するアグリカルチャーと物価上昇を意味するインフレーションを合わせた造語。当時は農作物の価格が暴騰していた）を危惧した欧州中央銀行（ECB）の利上げにより債券市場に激震が走り、その3ヶ月後には欧米の金融機関の連鎖倒産と、その連鎖が世界中に伝播する事件が起きています。

インフレやそれに影響を受ける金利について理解することは非常に重要です。**一方で、物価や長期金利がどのように債券市場で織り込まれていくのか、あるべき金利の水準がどういったものになるかということについて、世間ではあまり知られていないように思えます。**しかし、よく見ればその決定要因は単純化することが可能です。

長期金利を計算するための3つの要素

長期金利は理論上、足し算で計算することができます。

長期金利は、複数の要素から成り立っていますが、その1つは、主に中央銀行が設定する政策金利にほぼ連動して決まる「短期金利」です。

企業などへの2年以下の銀行融資はこの短期金利に連動して決定されます。

そして、もう1つが、「期待インフレ率」といわれるものです。これは、消費者や企業、市場関係者などが予想する将来の物価上昇率のことを指します。

単純にいえば、先々の短期金利を足してつなぎ合わせたものが長期金利（たとえば、3ヶ月もの短期金利が40個で10年金利）といえます。そうであるならば先々の短期金利は、将来のインフレ率を適度なレベルに推移させようとする中央銀行の意思が働いたうえで決定されていくはずです。

だからこそ、この「期待インフレ率」は、長期金利の決定要因の1つとして見ることができます。

そして、最後の1つが「期間プレミアム」です。「短期金利」と「期待インフレ率」の2つを合計した短期金利の将来見通しに対して、資金を長く固定するリスクに見合う上乗せ分を、「期間プレミアム」といいます。このリスクに含まれる代表的なものとしては、貸し出し相手先への与信リスクを表すクレジットリスクがあげられます。

長期金利は足し算で計算できる！

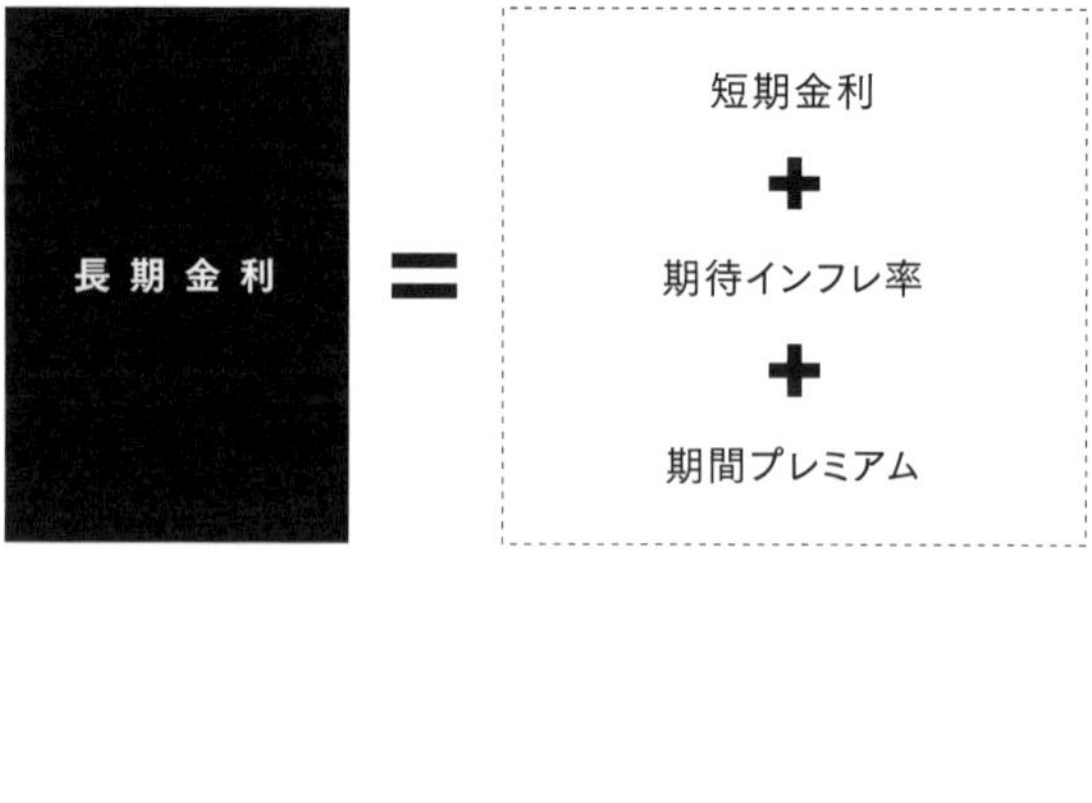

ちなみにＦＲＢによると、ＦＲＢの債券の大量保有や米国外からの資金流入のせいで、２０１７年3月以降、この「期間プレミアム」に相当する金利要素がマイナスで定着する異常事態になっており、リスクプレミアムの推移は２０１８年6月では、マイナス幅が１・００％を超えています。

過去20年間の平均がプラス１％を維持していたことと比較したときに、債券の投資家の投資態度が、相当弛緩した状況であったことが見て取れます。

さきほどのグリーンスパン元ＦＲＢ議長の債券バブル発言は、こうした理論値を考え方の基準の1つとしてなされたものです。ちなみに彼は「あらゆる尺度で見て長期金利は低すぎる」と言明しているのですが、そうした基準のうち重要なものを以下にご紹介したいと思います。

それは、物価を金利との循環的な関係性で解きほぐす理論です。

景気循環は4つのサイクルで見抜く

第3章でも説明したように、景気には循環があります。「好況→バブル→恐慌→不況」という景気上昇・下落が交互にくる4つのサイクルがあるわけですが、この循環がどういったタイミングで転換していくのかを予想することが資産運用の肝になります。

そのタイミングを計るうえで非常に有用なのが、物価と金利の組み合わせという観点で形成された「4つのサイクル」を見ることです。この物価と金利によるサイクルを覚えておくだけで、景気循環を可視化できるばかりでなく、その時期にあった資産運用を行うことが可能となります。

言うまでもなく、こうしたサイクルを知って運用する場合とそうでない場合とでは、将来の資産運用のパフォーマンスに大きな差が出てきます。これから説明するのは、短期金利の動向と長期金利の動向の組み合わせにおける景気循環のありようを表したものになります。

【第一段階】

インフレ底打ち　短期金利↑　長期金利↑　短期金利上昇幅∧長期金利上昇幅　株↑

このサイクルの第一段階は、景気が回復し、将来的にどんどん景気が良くなって物価が上がっていくと考えられているタイミングです。将来の金融政策では金利を引き上げられることが予測されるため、短期金利も長期金利もどちらも上昇しますが、長期金利の上昇の方が大きくなっていく状態です。

そのため、長短金利差は拡大し、株式市場も上昇します。主に短期金利で預金を預かって長期融資を行う商業銀行では利ざやが大きくなるため、銀行の体力が強靭になります。その結果、銀行がより多く世の中に貸し出しを行うことで、信用創造が行われて経済は上向きになります。

第一段階

短期金利：↑　長期金利：↑　長短金利差：拡大　株価：↑

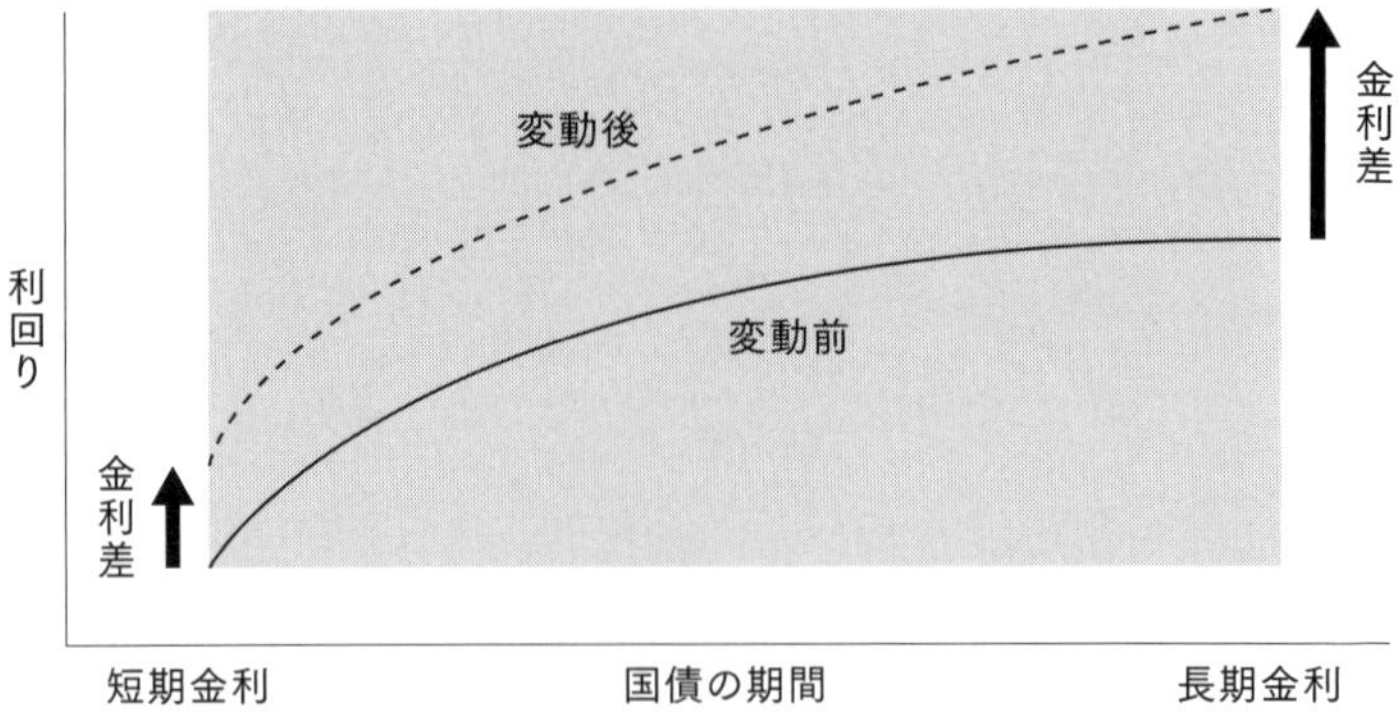

第二段階

短期金利：↑　長期金利：↑　長短金利差：縮小　株価：↑

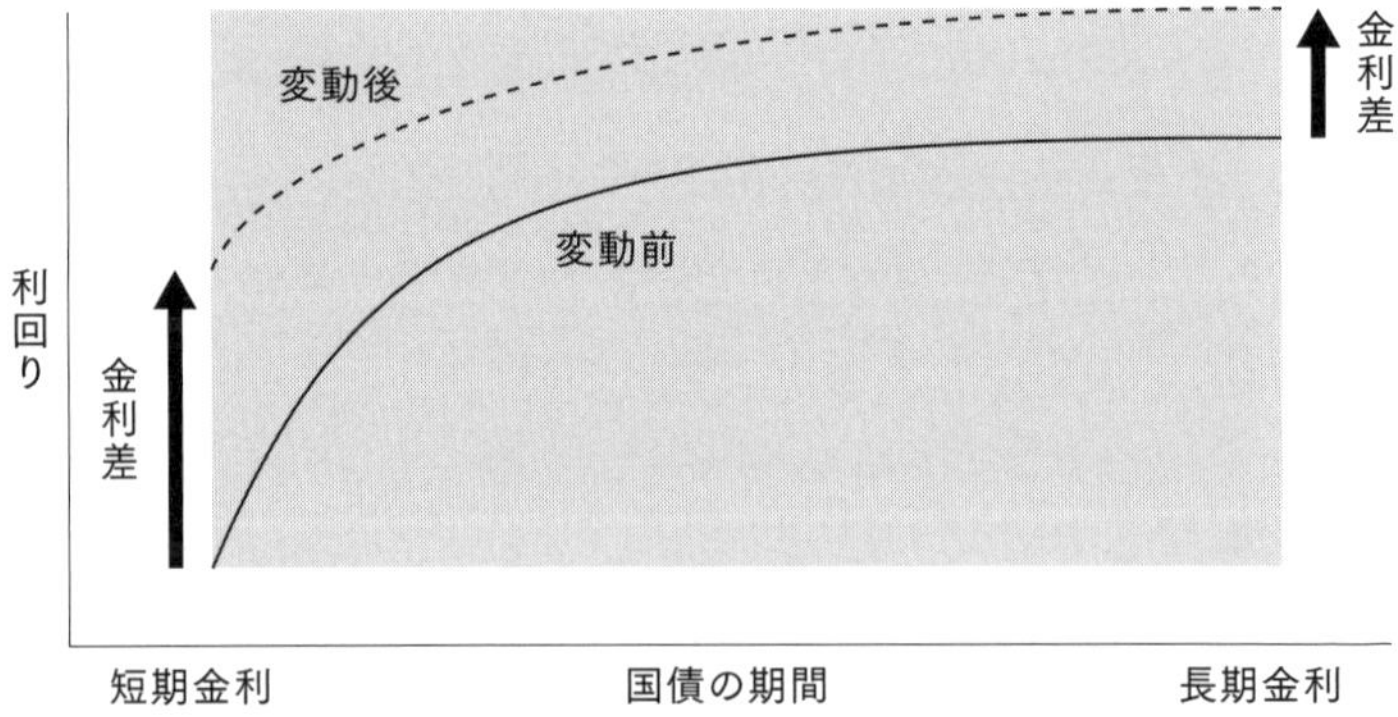

第三段階

短期金利：↓　長期金利：↓　長短金利差：縮小　株価：↓

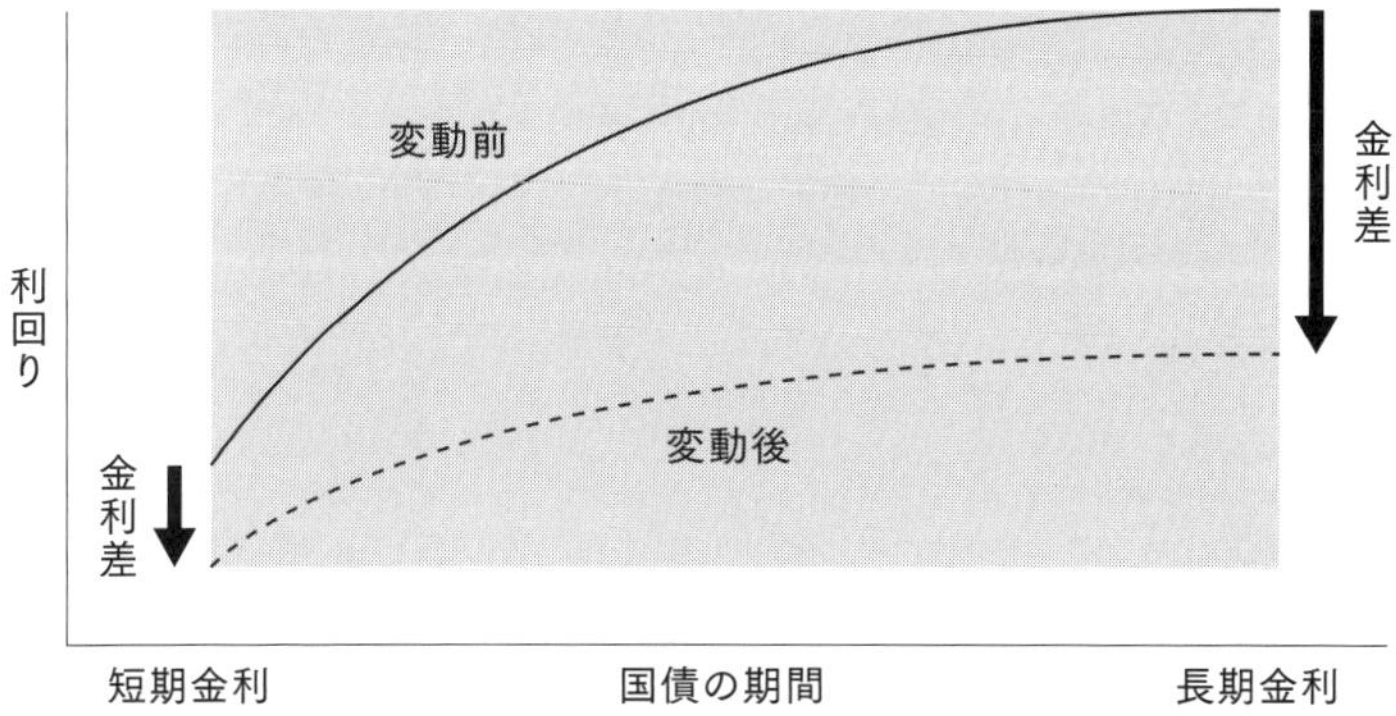

第四段階

短期金利：↓　長期金利：↓　長短金利差：拡大　株価：↓

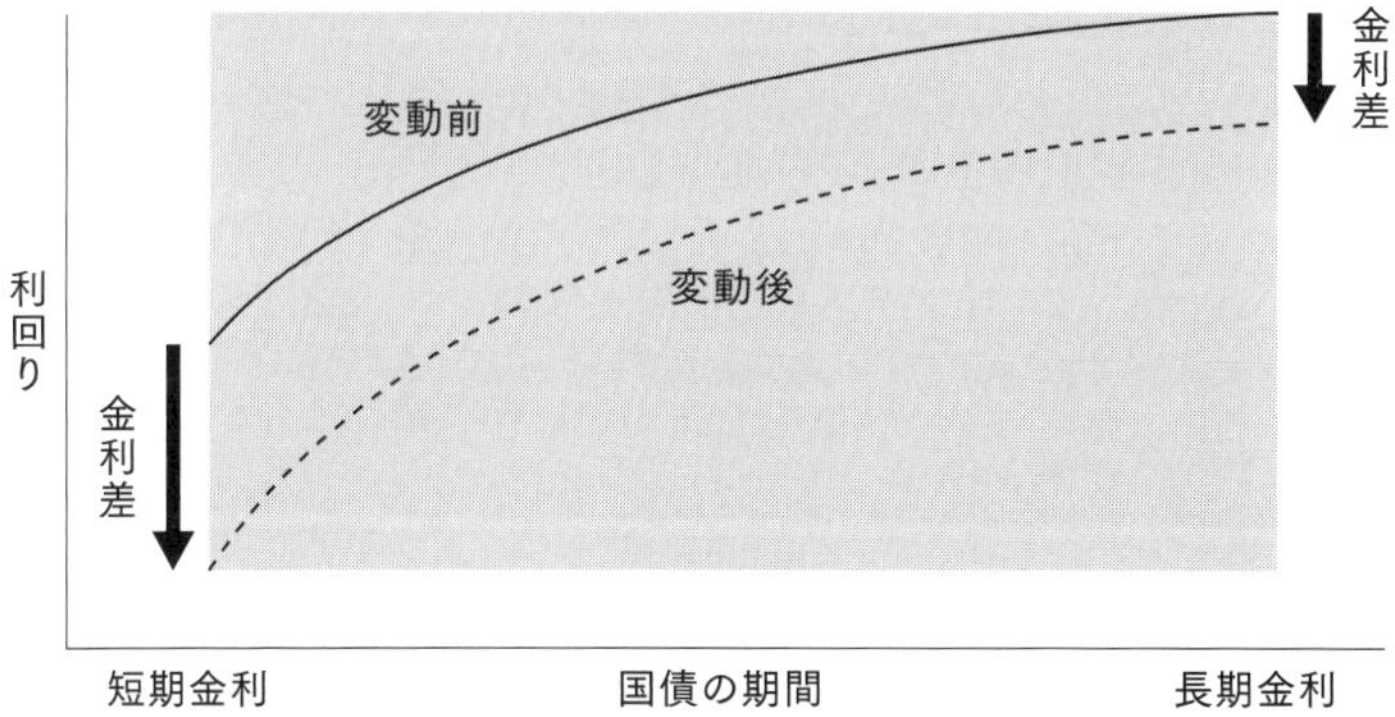

【第二段階】

インフレ上昇　短期金利↑　長期金利↑　短期金利上昇幅>長期金利上昇幅　株↑

第二段階は、景気が過熱気味になっている状態で、物価の上昇が顕著であるために、中央銀行が短期金利を引き上げていく局面です。このとき長期金利も上昇していくのですが、過熱が感じられる現在と比べると将来のさらなる景気の過熱は考えにくいと考える人が増えていきます。

将来に渡って金利が上がっていくという状態ではないように見えるために、短期金利の上昇ほど長期金利は上がらなくなります。そのため、長短金利差は縮小していきます。

「第一段階」とは逆に、商業銀行の利ざやは小さくなるため、銀行の体力は落ちることになります。その結果、銀行は貸し出しに慎重になって信用創造が行われにくくなり、経済は勢いをなくしていきます。ただし、基本的に景気は良いので、こういうときは持続性が危ぶまれながらも株式市場は堅調に推移します。

【第三段階】

インフレ頭打ち　短期金利↓　長期金利↓　短期金利低下幅＜長期金利低下幅　株↓

第三段階は、景気が頭打ちになって、将来的に景気が減速することと物価の低迷が見込まれる局面です。中央銀行が将来に渡って継続的に金利を引き下げていくことが予想され、この時期は長期金利が短期金利よりも下がるという特徴があります。

そのため、長短金利差は縮小し、銀行の体力も長期的に落ちていくことが予想されるために株式市場も下落します。大抵は、長短金利差が逆転するような時期で第三段階が終わり、次の第四段階が訪れることになります。

【第四段階】

インフレ低下　短期金利↓　長期金利↓　短期金利低下幅＞長期金利低下幅　株↓

第四段階は、景気後退が顕著になり物価の急落が継続する局面です。恐慌とならないように景気をサポートしようと、中央銀行がどんどん短期金利を下げていくフェーズです。

それを理由に、将来的には景気の悪化が落ち着くことが予測され、将来の金利がそれほど下がらない見通しとなって長短金利差は拡大することになります。ただし、中央銀行が必死になって景気を立て直そうという官民ともに追い込まれている時期でもあり、基本的に景気は良くない状況です。

したがって、株式市場の立ち直りはまだ見えず、この時期に慌てて株を買ってしまうと「安物買いの銭失い」となってしまいます。暴落局面で買い向かうことは大切ですが、この「第四段階」は数年かかることもあるので、あまり急がずに株価の反発を確認してから投資をしても遅いということはありません。

大暴落は市場への楽観が修正されたときに発生する

また、長短金利差が極度に薄いときや逆転するときには、経験則では、その後に大きなショックが金融市場に訪れる可能性が高くなります。

その背景は銀行の体力悪化です。銀行がよく使う安定的な収益獲得方法として、長短金利差を利用した「キャリートレード」という運用手法があります。

キャリートレードは金利差がなくなると使えなくなる特性があり、そのため不況時には、銀行が普段では手を出さないような、よりリスクが大きい別の投資先に手を出しがちで、それが往々にして不良債権となってしまうということがこれまでによく起きてきました。

キャリートレードの具体例をあげれば、金利の低い短期預金で資金を集めて、より金利が高い長期国債を買って、安定的に収益を得る方法が一般的です。

これがうまくいかなくなるときに、ハイリスクな社債や外債の運用など、銀行員としては無理がある運用に手を出していく（リスク資産に追い込まれていく）ケースが多くなります。

長短金利差が逆転している時期の後に、1980年代後半から90年代初頭のアメリカのS&L（貯蓄貸付組合）危機や2001年のITバブル崩壊、2007年から2008年に起きたサブプライムローン危機が招いた世界同時金融危機など、株式市

場の暴落局面が往々にして起きています。

本書執筆時の2018年でも、長短金利差が極端に縮小し始めており、特に、私は金利の上昇が伴っていることを懸念しています。歴史を振り返ったとき、過去の暴落時の過半が金利の上昇を伴っているからです。

総じて、経済の将来に対する楽観が修正される場合に発生していて、中央銀行がその後利上げを行い、大きな景気後退が突然やってくるパターンが過半を占めています。記憶に新しいリーマンショックもその発生直前までは、欧州中央銀行が利上げを行うほどにインフレが懸念されており、金利の修正を伴っていました。

金融緩和によりインフレ率や金利の低下が極限まで進み、さらなる長期金利の低下が見込めなくなったときに、それまで拡大していた楽観が急速に冷えることで、株式市場や債券市場など国際金融市場全般に暴落が発生します。

こうした金利の下限硬直性が発生することを、第4章でもお伝えした「流動性の罠」といいます。債券金利が物価動向と比べて低すぎるとき、機関投資家が将来の債券価格の下落（金利の上昇）を恐れて債券を購入することに二の足を踏み、どんなに中央銀行が金融緩和策をとっても、債券金利が下がらなくなっていくことを意味します。

その顕著な例が、2018年の段階で日本で行われているマイナス金利政策による長期金利低位安定化政策の余波です。

マイナス金利が生み出す弊害とは？

2016年1月29日、日本銀行は日本で初めてとなるマイナス金利の導入を発表しました。

金融機関は預金を預金者に返済できるように、ある程度のお金を日銀の当座預金に預金することが法律で義務づけられています。その銀行の持つ日銀への銀行預金金利をマイナスにすることで、銀行の資金を日銀への貸し出しではなく企業への貸し出しや投資に回すよう促し、経済の活性化やデフレの脱却につなげようという狙いがマイナス金利政策の基本にありました。

この政策の波及効果で住宅ローン金利が低下し、防衛的な家計のマインドが大きく改善し、マンションの購入などの大型消費が伸びていくことが期待されていました。

しかし、当時の株式市場や、特に日本の銀行の株価はこのニュースをきっかけに急激に落ちていきました。マイナス金利の採用で「流動性の罠」が現れることが予想され、そもそもの銀行の根幹業務が揺らぐと考えられたためです。

マイナス金利政策下で貸出金利が低下していくと、世間の商業銀行は、主な収益源である銀行与信では小さな収益しか生むことができなくなるという事態に直面します。そのため、預金が集まれば集まるほど預金金利を上回る収益を生むことが難しいということもあって苦しい経営を強いられることになりました。

つまり、銀行の収益の魔法の杖である信用創造が使えなくなり、本来であれば信用創造を行う銀行の命の糧ともいうべき預金者からの預金を歓迎しない銀行が増加しました。そして、収益を上げるためにやむを得ずリスクを度外視して、外債の運用など目先の利益を生む金融商品への投資に邁進していくことになったのです。

第一次世界大戦後のドイツを襲ったインフレ

前述した4つのサイクルの循環だけでは説明が難しい例外の時期についても解説しておきましょう。

歴史を振り返ると、循環して金利が上がったり下がったりはせずに、ずっと一方向に金利が動いていくケースがあります。そうした時期は、例外なく中央銀行によって人為的に大掛かりな金融操作が行われています。

その結果、大きな歪みが金利市場にため込まれてしまい、その後、社会に大きな打撃を与えるようなハイパーインフレーション（ハイパーインフレ）などの物価の大変動を伴ってきました。フィリップ・ケーガンの定義では、「月率50%を超える物価上昇」のことをハイパーインフレとしています。もし、この状況が1年間継続すると、物価が130倍に上昇することになります。

冒頭のグリーンスパン元議長は、こうしたコントロールできない物価の高騰が訪れる可能性があることを恐れていたのです。そうした制御不能な物価の高騰が起こった事例としては、第一次世界大戦後のドイツ・ワイマール共和国で起きた1年間で物価が1兆倍にもなったハイパーインフレが有名です。当時のワイマール共和国では、中央銀行が今の日本と同様に金融緩和政策を取って、人為的に大掛かりな金融操作を行っていたのです。

第一次世界大戦で敗北した当時のドイツは、ハイパーインフレに陥っていました。ハイパーインフレとは、物の値段が急激に高騰することです。しかし裏を返せば、通貨の価値が下落していることを意味します。そして、意外にも多くの人々はこのことに気がついていません。

「どんどん食品の値段が上がる！」と怒っている人に限って、紙幣の価値の下落という事実に目が向かないことが多く、こうした錯覚を経済用語では「マネーイリュージョン（貨幣錯覚）」といいます。通貨価値が下落しているときには、必要以上の紙幣が市中に流通しているというわけです。

当時のドイツは莫大な賠償金を背負わされており、フランスにドイツ最大の工業地帯であるルール地方を占領された影響で、すでにインフレの兆しがありました。外貨をドイツにもたらすルール地方を失ったことで、ドイツとしては賠償金支払いの源を絶たれたことになり、打つ手なしといった状況でした。そこで、ルール地方の返還のためという大義名分で、債務履行のためにドイツ政府は貨幣量を増やすことで対応しようとしました。

貨幣の価値が低いのなら、その分たくさん増刷すればいいという理論です。しかし、この方法は間違いで、貨幣が必要以上に増えることで貨幣の価値はさらに下がり、それを取り返すために政府はさらに貨幣を発行し、また貨幣の価値が下がるという悪循環になってしまいました。

こうして政府が貨幣を乱発したことでとんでもない量の貨幣が流通し、それに応じて貨幣の価値もどんどん下がり、ハイパーインフレというとても手に負えない事態になってしまったわけです。

国民の生活は非常に苦しかったわけですが、それでも仕方がないという諦めをドイツ国民は持っていました。どうせこの価値のない紙幣は、賠償金として外国に渡っていくだけだというモラルハザードを政府と中央銀行に許していたことがその背景です。

つまり、単純に貨幣量が多すぎるからインフレになっているわけで、インフレを克服するためには貨幣量を減らせばいいわけです。だからこそ、ハイパーインフレという現象が起きるかどうかを見極める際には、社会におけるモラルハザードがとても重要な要素となります。

逆に言えば、国民の合意がなければハイパーインフレは起きないともいえます。たとえば、独裁者を生み出すほどの幅広い国民の合意は、中央銀行に通貨の増発という強権を発動させやすくします。独裁者がいる国で度々ハイパーインフレが起きるのはこうしたモラルハザードが背景となっているのです。

さて、ドイツ社会の混乱が極限までいくのを見て、賠償金そのものを免除しようという国際的な空気が醸成され、最終的には大幅に免除されることとなります。その後、ハイパーインフレへの国民の合意が薄れ、モラルハザードが回復したことで、次にドイツでは、レンテンマルクの発行によるデノミネーション（デノミ）が行われました。

新貨幣レンテンマルクは「1レンテンマルク＝1兆パピエルマルク（旧マルク）」というレートで交換されました。さらに、レンテンマルクの発行量には制限が設けられました。これによって貨幣量は急激に減っていきました。

レンテンマルクはあくまで過渡期の通貨として発行されたものであったため、社会の落ち着きを見つつ、次に新貨幣ライヒスマルクが発行されました。「1ライヒスマルク＝1レンテンマルク」というレートで交換され、レンテンマルクからライヒスマルクへの交換は非常にゆっくりと行われました。

すでに旧マルクからレンテンマルクに交換した時点で貨幣量が減って経済が安定し始めたので、ドイツはハイパーインフレから奇跡的な回復をとげ、このことは「レンテンマルクの奇跡」と呼ばれました。

ただし、物価が賃金以上に上昇することで労働意欲が極端に落ち込んだことなど、人心の荒廃がひどく、政府への信頼が大幅に落ち込んだことが後のヒトラーの登場の土台となっていきました。

大幅な長期金利の変動は経済に悪影響を与える

ハイパーインフレは特別なケースですが、それでも国債の長期金利というものはあまり大きく上下してはいけないものとされています。というのも、長期金利は、社債に代表される企業の借り入れ金利の設定の際に参照され、企業の長期の設備投資動向に大きな影響を与えるためです。

経営者が工場を建てる際にも、借り入れ金利が大きくぶれるならば、設備投資に二の足を踏んでしまいます。

だからこそ、長期金利の安定した推移は、それ自体が経済にとってプラスとなります。したがって、長期金利に多大な影響を及ぼす長期国債の発行動向については、国家が慎重に決定するべきなのです。

また、中央銀行も長期国債の金利への働きかけにおいては過度な介入は避け、ある程度は市場の動きに任せ、価格変動のマグマや歪みを普段から残さないようにするべきであるとされています。

しかし、昨今のアメリカや日本の政府、中央銀行もそうしたセオリーを無視して、この10年間は非常に大きな人的操作を長期債券市場で行ってきました。そのせいで大きな歪みと価格変動のマグマが市場に蓄えられています。

中央銀行が独立した存在であるかをチェックする

歴史を振り返ってみても、あまりに政府の意向にしたがって、利上げするべきところで利上げできないような経済の実態を無視して必要以上に紙幣を印刷する中央銀行を持った国々は、その多くが物価をコントロールできなくなり、その後繁栄を失っていきました。

さきほどのワイマール共和国下でのハイパーインフレもそうした事例なのです。

ちなみに、トランプ政権の誕生もある意味ではアメリカ国民のモラルハザードの表れなのかもしれないと私は見ています。

自助努力で良い製品をつくって貿易赤字を改善するよりは、自国通貨である米ドルの価値を下げることでアメリカの国内市場から海外勢を追い出そうというやり方をトランプ政権に許している大元がアメリカ国民の中にあるモラルハザードなのだと思います。

財源がないのに減税し、軍拡を行い、メキシコとの国境に壁を建築しようというその元手は米国債の増発です。このために、2017年末から急激にアメリカの長期金利が上昇を続けていますが、これは日本にとっても他人ごとではありません。

2018年の段階で、米国債の発行残高は金融危機対策や社会保障費の増大を受け、危機前の6兆ドル台から15兆ドル超（約1650兆円）まで膨張しています。財源の裏づけがないにもかかわらず行われる軍事費の増大や大幅減税などトランプ政権が進める放漫財政政策は国債発行増額につながり始めており、長期金利の低位安定は持続性に欠けるものになりつつあります。

実際、2018年に入る頃から、債券バブルという異常事態は解消に向かう方向に動いていて、前年末から春にかけて米長期金利が反転上昇してきている状況で、春には3%台をつける局面もありました。

アメリカの長期金利の上昇が日本の金融機関を蝕む

アメリカの長期金利が上昇した場合には、様々な経路で悪影響が拡散することになります。

米国債の総発行額15兆ドルのうち、FRBを除く米国勢が7兆ドル超を保有する最大の投資家とはいえ、残りの4割に当たる6兆ドルは米国外の投資家が持ち、日本や中国など各国の公的部門が持つ部分は4兆ドル程度と巨額なものになっています。

日本にとっても他人ごとではないのが、米国債の価値が下がると日本の地銀などの米国外の民間部門への影響が非常に大きくなっていくことにあります。

保有している米国債が急落すると、時価会計ルールで損失の計上を迫られる場合もあり、経営問題になるためです。米財務省によると、米国外の民間部門の米国債保有額は1・8兆ドル。17年度末から18年度にかけて急速に進む金利の上昇は、さらに金融機関の経営を圧迫するものとなります。

金融庁も危険視しているものの、国内の長期金利がゼロ近辺に張りつき、短期金利もマイナスになっている現状を踏まえて、国内の金融機関はそれでも米国債を買い進んでいます。

そのため、金利が上がり始めた頃から、地銀が米国債など海外債券の運用で損失を膨らませていることが問題視され始めてきました。2018年3月期決算をみると、全国105行の地銀の債券運用益は赤字に転落しています。これはリーマンショックが地銀を襲った2009年3月期以来のことですが、銀行の本来の業務である融資などの通期純利益がこの債券運用の失敗で吹き飛んだ銀行も出てきている状況です。

さらには、米国債の値段が下がり、金利が急騰する過程に耐えきれずに少数の金融機関が債券の損切りに追い込まれていけば、この損切りが金利のさらなる上昇を招くことが懸念されています。

売買が金融機関など特定の投資家に偏ってきている分、同じような投資行動をとりがちな市場の特徴があるために、スパイラル的に債券が売り浴びせられるかもしれません。加えて、ヘッジ目的で他の債券も売られていくことから、日本の長期金利の上昇などに波及する可能性も高くなります。

実際、リーマンショック時には、金融機関が米国債の損失を埋めるために株式や他の債券を売って含み益を吐き出す悪循環に陥る展開がありました。米国債バブルが崩れたときの負のインパクトにどう対処するのかが目下の国際金融市場が直面する最大の課題となっています。

静岡県を拠点とするスルガ銀行の株価が暴落し、2017年末と比べて、2018年春には、時価総額のほぼ半分が吹き飛ぶという事例がありました。シェアハウス投資を巡るトラブルに関し、融資書類を組織ぐるみで改ざんするなどした不正融資が明らかとなり、不良債権が増大したからです。私は、この件はゼロ金利政策の弊害が表面化したケースだと考えています。

第4章でも解説しましたが、ゼロ金利政策のもとでは、現金に対する需要は理論的には無限大になります。プラスの金利であれば現金は預金され、銀行からの貸し出しという形で企業の設備投資などに資金は配分されます。その結果、直接・間接的に市場にプラスの収益をもたらすという流れができるのですが、ゼロ金利の世界では生産の向上に役立たない貨幣の形で資金が保有されることになります。そして、預かる銀行側も適度なリスクに見合う運用先がないという困難に直面します。

だからといって、預金を減らすことは銀行の死活問題につながります。信用創造の逆回転で貸し剥がしを行えば、社会的な非難を浴びることは容易に想像ができるため、これは避けたいところです。

預金者も銀行も本音を言えば、預金を好まない展開となっていて、与信リスクをコントロールしながらリスクに見合う利益を生むという本来の銀行経営が非常に大きな困難に直面しているといえます。

歴史から考えるマイナス金利の世界の未来

今後のマイナス金利の世界では、一体なにが起きていくのでしょうか？

私は、ほぼ間違いなく銀行の体力が徐々に蝕まれていき、スルガ銀行のように本業の利益の低迷から生まれる損失の穴埋めのために無理な預金集めや貸し出しへと日本

の銀行が傾斜していくと考えています。

このケースについて歴史を振り返ると、1995年に起こった木津信用組合の破たん騒ぎが思い出されます。

木津信用組合は、1953年に大阪府浪速区で設立されました。当初は、地道に取引業者からの信用を築いていった木津信用組合ですが、1970年にある大きな転機を迎えます。有力な取引先であった砂糖卸売会社が倒産し、預金量が22億円しかない木津信用組合で貸付金3億円が回収不能となってしまったのです。

このとき、解決策として預金の大量獲得作戦がとられ、その後、預金が倍増した木津信用組合は流動性不足を一気に解消しました。この事件によって、不良債権があっても預金を増やせば乗り切れるという自信をつけた木津信用組合は、それ以降も預金獲得に邁進し、1988年には大阪府内最大の2200億円の預金量を築き上げます。

その預金獲得の主な手段は「紹介預金」という手法でした。大手銀行が取引先企業にコマーシャルペーパーを発行させ、発行で得た資金を木津信用組合に紹介する形で預金させるというものです。

コマーシャルペーパーとは、企業が短期資金の調達のために公開市場において割引形式で発行する無担保の約束手形のことです。企業は利ざやが稼げて、大手銀行はコマーシャルペーパーの発行引き受け手数料が受け取れます。木津信用組合にとっては、コツコツと預金を集める手間が省けて、大口預金が獲得できるというものでした。

こうして高利で集めた資金で、木津信用組合は不動産融資にのめり込んでいきます。バブル期には、高い金利収入の見込める不動産融資は優良な貸し出し先だとされていたのです。

ところが1990年頃からバブル経済が崩壊していきます。この結果、不動産融資に傾倒していた木津信用組合に信用不安が生まれ、大量の預金流出が発生しました。初期の段階では、取りつけ騒ぎというよりはバブル末期に膨れ上がった紹介預金の整理、解消という形で始まりました。

大手銀行が紹介預金を慌てて引き揚げ、さらに大蔵省からは大口預金の一部カットという話も出てきて、一気に取りつけ騒ぎに発展していったのです。

預金獲得至上主義の風潮を推し進めたことによって身に余る預金を集め、無理に運用したことがその大きな原因の1つです。バブル景気とともに金融機関のモラル崩壊が融資基準緩和とともに始まり、バブル崩壊によってそのことが明らかとなってしまいました。

私は、一般の方々の今にいたる金融機関に対する不信はこの出来事を機に一気に広がったように感じます。最終的に、破綻した時点での木津信用組合の不良債権は1兆円を超えることが分かりました。その後、疑心暗鬼になった人々により、取りつけ騒ぎが都銀長信銀にまで伝播していきます。こうして、資金捻出のために貸し剥がしに出る銀行群が相次ぎ、平成金融恐慌とそれに続く失われた20年と呼ばれる長い景気後退が日本を襲いました。

私には、マイナス金利の世界のその後が、約30年前に無理な運用を行って平成金融恐慌のきっかけとなった木津信用組合事件に重なって見えています。

スルガ銀行の問題しかり、国際金融情報に通じた人材や外債取引に応じた組織が整っていない中での、地銀の外債投資への傾斜とその投資債券における含み損の拡大しかり、今無理な貸し付けが行われ、モラルハザードが起きていることが社会問題になる兆しが見えてきています。

インフレという観点からは、モラルハザードが社会で起きているのか、特に広く社会に影響を及ぼす銀行経営で起きているのかを推し量ることがとても重要です。

もし、それが広範囲で起きているとすれば、金融恐慌とそれに続く銀行による貸し剥がしが引き起こされる可能性があります。

平成金融恐慌の際には、銀行の肩がわりを銀行への資本投入という形で国家が行い混乱を鎮めることができました。しかし、その後遺症で財政赤字が膨らみ国家の体力が奪われてしまった今となっては、同様の金融恐慌が起きたときに肩がわりしてくれる主体がいないことになります。

つまり、次の金融恐慌の際には、国民全体にその負担が直接襲い掛かることになります。商業銀行を助ける力がない中央銀行への不信が高まることを契機として、国家の威信の低下が引き起こされることになります。続いて起こるインフレの高進と大幅な円安を伴いながら、国民全体で苦しみを味わうことになる可能性さえあると私は考えています。

もっとも、世界最大の債権国である日本は、海外債権を切り売りしながら生きていくという選択肢があるわけですが、その債権の主な投資先であるアメリカでモラルハザードが起きつつあるということが、まずもって悩ましい状況といえるでしょう。

高いインフレ率とマイナス金利の共存する世界は、一見異常な世界のように見えるものの、モラルハザードというキーワードで見たとき、コインの表裏のような関係で相互に作用している極めて合理的な世界ともいえます。

金利が低いから金利が高い国や会社へ資金が流れ、努力をしなくても資金が集まるのでそうした企業や国家では放漫経営が続き、そして両者とも傷口を拡大していくという流れです。

第4章でご紹介した方法を組み込んで、資産を守ることが今後ますます重要になるといえるでしょう。

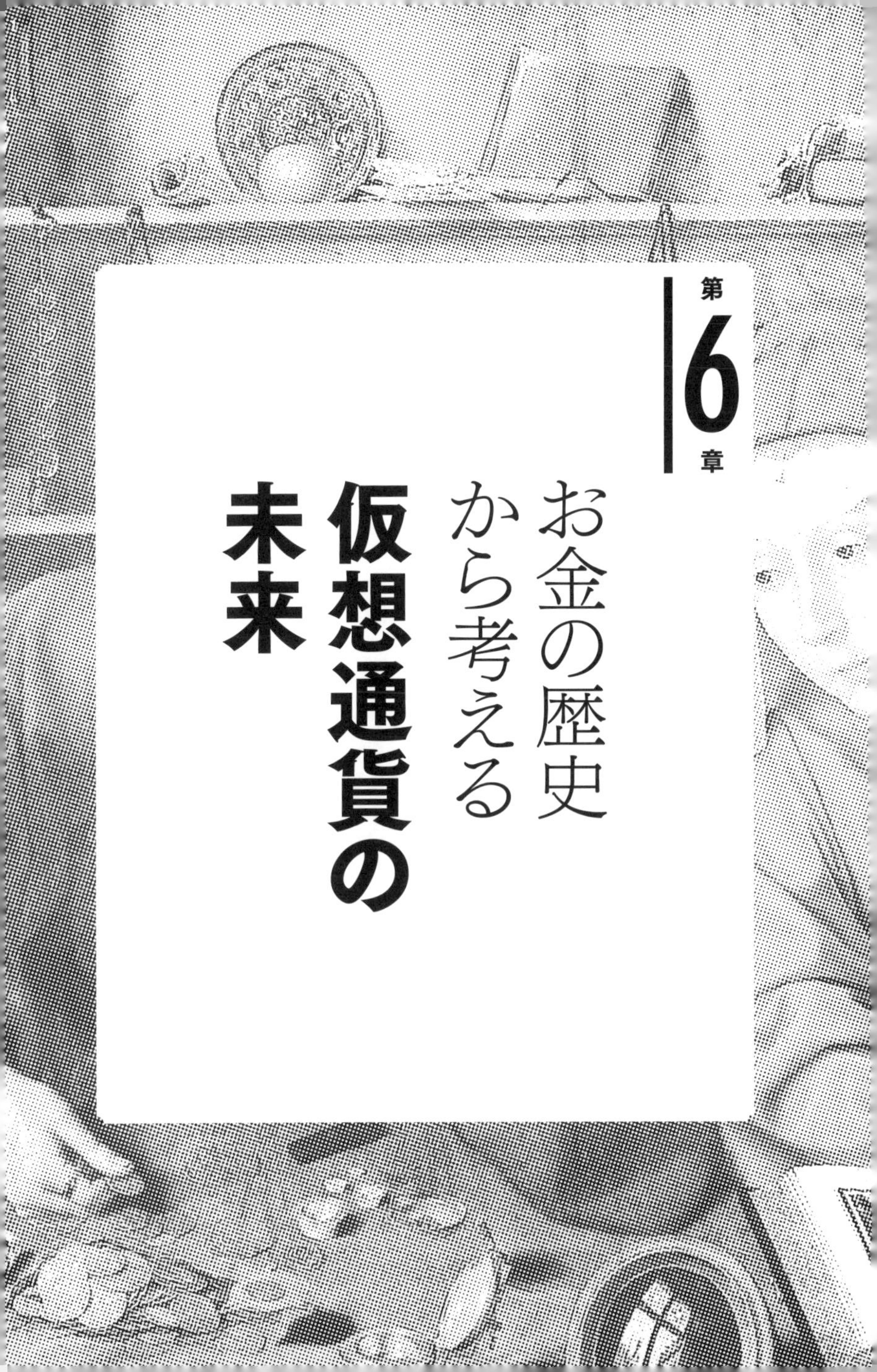

第6章

お金の歴史から考える仮想通貨の未来

いち早く中国で仮想通貨のニーズが高まった理由

第1章では、紙幣誕生の歴史について解説しました。この章では、その延長線上にある仮想通貨の未来についてご説明したいと思います。そのためにまずは、アメリカの金利の上昇と、なぜ中国でいち早く仮想通貨のニーズが高まったのかについてからこの章をスタートしたいと思います。

2017年5月から6月にかけて、中国人民元の翌日物短期金利が暴騰し、40%を超える状況がありました。海外への資本流出による短期金利の暴騰が起きていたのですが、中国大陸から流出していく資本が向かった先は、太平洋を越えたアメリカでした。当時から、アメリカのフェデラル・ファンド・レート（FFレート）と呼ばれる政策金利は、段階的に引き上げられてきており、加えて2017年6月の米連邦公開市場委員会（FOMC）にて、約9年間続いたアメリカの量的金融緩和政策は事実上の幕引きとなりました。

量的金融緩和政策とは、中央銀行が政策金利を上げ下げするのではなく、かわりにお金の量そのものを上げ下げすることで、景気に影響を与えようという考え方に基づいて運営される方策です。

具体的には、民間銀行の当座預金口座残高を中央銀行が調節することによって、市場への通貨の供給量を増やす政策です。

プロセスは、まず中央銀行が民間金融機関から国債や手形を買い取り、その分だけ中央銀行にある銀行当座預金の残高を増やします。そして、この預金残高に比例した金額を民間金融機関が企業に融資したり、当座預金そのものを金融市場で運用したりすることを促し、その結果、市場に出回る通貨の量が増加することを狙います。

日本でも、2001年3月に採用されており現在にいたっていますが、アメリカでは2008年11月から採用されていました。

この量的金融緩和をアメリカが段階的に停止していくことは、中央銀行が市中から米国債券を買って、かわりにドルを放出していくというこれまでの量的緩和の世界では日常的に見られていたドルの供給が少なくなっていくことを意味します。

世界でドルの供給が落ちていき、ドルが調達しにくくなっていくのです。

２０１７年夏の段階で、１・２５％で推移していたＦＦレートは、労働環境と物価環境から計算される理論値では５％を超えるものとなっていました。アメリカでは、労働市況の改善とともに今後起こりうるインフレの加速に対応した金利の正常化が行われていくでしょう。

こうした外部環境によって、香港ドルのように米ドルに連動して動くように設定されている固定相場制度下にある通貨は、アメリカの金融政策が引き締めに転じると、通貨の価値が弱くなる傾向があります。

また、中国人民元はペッグ制度からすでに離脱しているものの、完全自由変動相場を採用しているというわけではなく、ある程度の範囲の中で動く通貨となっていますが、この中国人民元も香港ドルと同様にアメリカの利上げとともに弱含む傾向があります。

米ドルにペッグしている国や対米ドルで完全変動相場制度を採用していない国の通貨は、自動的にアメリカの金利に合わせて政策金利を引き上げなければならないからです。中国や香港の景気が悪くなろうがお構いなしに、金利が自動的に引き上げられていくシステムになってしまっているのです。

このことは、中国や香港の景気悪化を市場参加者に連想させるので、通貨の売却など資本流出の規模の拡大につながっていきます。

そうした不安を落ち着かせるためにも、資本の流出に伴う為替変動を緩やかにして、対ドルの固定為替レートの範囲内に通貨の価値を収めるための当局による為替介入が欠かせなくなります。

ところが、このドル売り介入の原資である中国の保有するドルの外貨準備高がどんどん落ち込んでいることが、中国人民元や香港ドルの保有者にとって大きな問題となっています。

アメリカ本国でドルの供給が少なくなってドルの借り入れコストが上がり、したがって、ドルの価値が相対的に上がっていきます。一方では、対ドル固定相場制の香港では、香港ドルの価値を安定させるために米ドル売り介入を行わなければならないことから、香港当局や中国当局の保有する米ドル売りの原資である外貨準備高に市場の注目が集まることになるのです。

外貨準備にかつてほどの余裕がなくなってきている中国通貨当局としては、実弾である米ドルは万が一のときのためにとっておきたいと考えるのは仕方がないことです。米ドルを温存しつつ、かわりに銀行間での人民元の貸し借りを行う短期金融市場で、その時々に必要となる中国人民元を中国人民銀行があえて市場に供給せずに、事実上の金利引き上げの効果を短期金融市場にもたらすことで、為替への市場介入に踏み切ったというのが、短期金利が40％台まで上昇した背景だったのです。

こうした苦しい中国の状況を見透かすように、米ムーディーズ・インベスターズ・サービスは２０１７年５月、中国の格づけをこれまでの「Ａａ３」から「Ａ１」に引き下げました。

債務の増大と経済成長の鈍化で中国の金融・財政力が悪化するとの見通しを示したムーディーズの見方を受けて、慌てる市場参加者が出てきたのです。ちなみに、同社による中国格下げは１９８９年以来で、ついで香港も格下げしています。

こうした中国の国内短期金融市場での金融引き締め介入やドル売りの介入が止まれば、人民元の暴落は確実なものとなっていきます。

実際、中国当局の力を信用せずに人民元を早いうちに処理して外貨を保有したいという中国の富裕層が増えています。

ここまできて、ようやく仮想通貨の話をすることができます。仮想通貨の需要の多くは中国人富裕層から生まれてきていました。現に２０１６年までは、中国が仮想通貨、特にビットコイン取引の中心でした。中国では、個人の外貨両替枠の上限が年５万ドルだったところ、仮想通貨はその対象外だったこともあって、人民元に先安観を抱く中国人が資産防衛のための外貨の保有の代替案として大量に仮想通貨を購入してきた背景がありました。

金塊の盗難事件とビットコインの関係

ところが、中国政府は２０１７年に仮想通貨の取引規制に乗り出します。自国内の仮想通貨取引所でビットコインの引き出しを突然停止したのです。中国金融当局が見逃せない規模で仮想通貨を介した資本流出が起きていたからです。
その後、中国人のビットコイン取引は急減しました。
しかし、資本持ち出しの需要がなくなったわけではありません。

2017年に博多で金塊の盗難事件が続きましたが、これはこの文脈の中で発生した事件です。この事件の金塊は中国由来のもので、出所不明の人民元を香港で金塊にかえ、日本に密輸されたものでした。こうした脛に傷を持つ金塊は、盗難にあっても警察に届けられにくいため、犯罪者の恰好の的となってしまいます。

将来の人民元切り下げの可能性を敏感に感じている中国人たちが、ビットコイン取引以外のあらゆる手を使って資本流出を企てているのが現在の状況です。

ビットコインはグローバル化した現代の「金貨」

中国では禁止されているものの、大規模なお金を瞬時かつ安価に匿名で海外に持ち出すことができる仮想通貨が、いかに魅力的なツールなのかということがお分かりになったと思います。

ここで、既視感を覚える読者の方もいらっしゃるのではないでしょうか？

そうです。ジョン・ローのときに起きたことと全く同じことが起きているのです。

当時、王立銀行への不信感が高まったときに、いたるところで多くの人々が、紙幣を硬貨に交換して家に退蔵する動きが出ました。金貨や銀貨を干し草や牛糞で覆い、農民に変装してベルギーまで逃げた人もいました。

こうして資金が国外逃避するか国内家庭に退蔵されていく中で、フランス国内では、マネーサプライが急減し始めていました。ジョン・ローは、紙幣の価値を硬貨対比で切り上げて民衆の不安を取り除く努力をしますが、逆に多くの人がこれを利用して硬貨に交換していきました。

現在の中国では、18世紀当時のフランスの人々にとっての紙幣が中国人民元だとするならば、仮想通貨であるビットコインが金貨ということになるでしょう。

また、実は仮想通貨の筆頭としてあげられるビットコインには発行上限があります。

発行に限りがあり希少性が高く、リスクがない形で匿名性を持ちつつ保有が可能な仮想通貨であるビットコインは、グローバル化した現代社会における金貨に等しい存在です。

どこの国でも通用する通貨である金貨のような存在は、政府の権力の及ばない力を秘めています。政府が無理やり続けていこうとする経済的非合理性を、容易に破壊する力を持っているのです。

ビットコイン最大の特徴は「決済を効率的にできること」

容易に越境が可能で、匿名で資金の授受ができる仮想通貨自体が犯罪を支える大きな動力源となっていたことは紛れもない事実です。

グローバルに国境を越えた資本の移動を、安全かつ確実に匿名で行える手段があるときに莫大な取引需要が生まれるのは、規制の網をかいくぐり資金洗浄を必要とするアンダーグラウンドの世界のお金です。

しかし、私がお伝えしたいことは、だからといって仮想通貨の未来を否定することではありません。こうした怪しい需要に支えられてはいるものの、その怪しさ自身がビットコインを形成しているのではないということもつけ加えるべきでしょう。ひき逃げ事件において、自動車に罪がないのと同じようなものです。

時代に先駆けて生み出されたビットコインという道具は、それほど画期的なものなのです。つまりビットコインは、国家でさえ管理できない完璧な決済ツールを持っているのです。これこそが、ビットコインに社会変革をもたらす可能性を世界中の多くの人々が見出している要因だといって良いでしょう。

仮想通貨を支える技術「ブロックチェーン」

繰り返しになりますが、ビットコインに代表される仮想通貨のカギは、決済ツールとしての役割にあります。**このビットコインという仮想通貨のカギである決済ツールを支えるのが、ブロックチェーンと呼ばれるデータ管理技術です。**

ブロックというのは、帳簿の1ページ1ページをいい、チェーンというのはその口座の帳面が継続してつけられていくことを表しています。2009年のビットコイン誕生以来、すべての取引が帳簿づけられており、誰でもその帳簿を見られるようになっています。

その帳簿は、個々人の持つメールアドレスのような口座に紐づけられており、したがって、一人が無数に持つことができます。ここに資金洗浄を必要とする犯罪者がつけ入るビットコインの高い匿名性が出てくるのです。

ただし、銀行帳簿が銀行勘定システムによって維持され、かつその帳簿内容は非公開になっているのに対して、ビットコインはオープンソースをベースに無数のボランティアプログラマーによって維持され、内容が公開されています。

つまり、特定の口座そのものは、誰もが自由に取引内容を辿って見ていくことができる仕組みを持っているのです。ある意味、非公開な銀行勘定システムの中にある個人銀行帳簿よりも透明性を持っているといえるでしょう。

犯罪防止という観点から問題があるのは、その口座を誰の審査も経ずに簡単に開設できるという点にあります。この問題への対応としては、取引所の免許制やそれに伴う顧客管理の厳格化などの規制強化があげられます。

２００8年に「サトシ・ナカモト」と名乗る人物によって提案されたこの方法は、一般的なシステムである中央集中電算システムでデータを管理する「中央集権型」で維持された銀行帳簿ではなく、「分散型」で維持された帳簿です。取引履歴のデータは無数の取引参加者のコンピューターに分散して記録され、高機能な機器は必要ありません。

取引データをまとめた貯金通帳の帳簿ともいえる「ブロック」を約10分ごとにまとめ、過去のブロックとつなげて保存していくことがプログラミングされています。「鎖（チェーン）」のようにデータの固まりが続いていくイメージが、「ブロックチェーン」と呼ばれる由来となっています。

このブロックの中には過去の取引とのつながりを示す痕跡も残すようにプログラミングされているために、改ざんするには過去にさかのぼって大量のデータを書きかえなければならず事実上不可能とされています。

また、ビットコインにはマイニング（採掘）という独特の仕組みもあります。

採掘の過程で複雑な計算式を最初に解いた個人や専門業者ら参加者が新たなブロックを生成し、報酬として新たに発行されたビットコインを得るというものがマイニングという仕組みです。

その参加者は、ブロックの中の取引データが正しいかどうかを過去の履歴と照らし合わせて確認することも採掘の過程で行わなければならず、管理業務を自発的に担ってくれるという仕組みに転換されており、これは特筆すべきことです（ちなみに、採掘ができなくなっていくことは、ゆくゆく大きな問題となっていくことでしょう。1ビットコインの価値が急騰することや、既存のビットコインを無効にして埋蔵量を拡大するなどなにか別のインセンティブが必要になっていくはずです）。

そして、ビットコインは通常の通貨と違い、発行量が限定されているために、その希少性にも優位性を持っています。価値を担保するために、その発行量が上限2100万ビットコインに制限されているのです。この数値はナカモト氏が、金の現有埋蔵量21万トンを参考にして設定した数値だといわれています。

いわば、供給量を限定することで、国家の経済政策でさえ左右できない価値担保システムを持つ通貨システムをつくり出したわけです。

ネットの世界に現実世界以上の安定性・信頼性を生み出し、自由な取引が可能になるというナカモト氏の理想が、世界中の人々の現行通貨制度への不満を吸収していく形で賛同を呼び、現在のビットコインの高騰につながったという風に私は見ています。

これにビットコインの送金手数料の低さが、現行の銀行システムへの大きな優位性となってその利用に拍車がかかりつつあります。

ビットコインとは「電子通帳」のようなもの

資金移動や資金決済は大変大掛かりなもので、その失敗は国民の生活を揺るがすほどの大きなインパクトを持ちます。こうした社会に大きな影響をもたらす資金決済という業務を毎日無事に執り行うために、日本銀行やメガバンクをはじめとする多くの大組織が連携しあい資金決済を執り行っています。

日々行われるこのような煩雑な作業の末に通帳に記載される数値が変わっていき、この煩雑さが銀行預金や銀行システムそのものへの「信用」に置きかわっています。そして、日本の1000兆円を超えるマネーストックの9割が預金である以上、日本の銀行システムへの信認は日本円そのものへの信認につながっていきます。

これは、非常に重要な概念です。**お金の価値は銀行による「確かな決済プロセス」に担保されていると言っても過言ではありません。これは日本に限ったことではなく、世界がすべて同様のシステムにおいて、この「信用」を構築しているのです。**

2001年の9・11事件で世界貿易センタービル（WTC）が破壊されたときにドルの短期金利が爆騰したのは、世界貿易センタービルに入っているドル決済を支えるキャンターフィッツジェラルド証券株式会社が消滅し、ドル決済が破壊の淵に立たされたからです。

当時、私はシティバンクという米銀で通貨スワップトレーダーをしていました。26歳と若かったので、ある日辞令が出てシティバンクの国際金融本部があるロンドン支店で半年ほど研修を受けることになりました。

2001年9月11日の、ロンドンではお昼すぎのことです。突然、研修室で放映されていた映画が臨時ニュースに切りかえられました。そのときがまさにジャンボジェット機がニューヨークの世界貿易センタービルに突っ込む瞬間でした。部屋にいた約20名の同僚たちが皆大笑いします。研修用のドッキリかなにかだと思ったからです。

そのうち、笑い声は叫び声に変わっていきます。そうこうしているうちに行内放送で、当時ロンドンでも有名だったシティバンクのこの超高層ビルのてっぺんにあるシティバンクのロゴをめがけてテロリストが突っ込んでくるという避難放送がありました。

私たちがロンドンの米銀の支店から逃げ出している頃、ニューヨークの世界貿易センタービルにはドル金利の仲介業社が入居していたこともあり、銀行と銀行の間のドル供給のパイプの役割を果たしていたその会社が突然地上から消滅してしまい、ドル資金の目詰まりが発生していました。

帰宅後、東京のチームに慌てて電話して聞いたところによると、ドル金利市場が資金の目詰まりでデリバティブ価格から逆算して計算されるドル短期金利が二桁後半まで急騰していました。

多くの金融機関が、このショックに耐えられず大きな損を出すことになります。

お金が流れるパイプの「目詰まり」が起こした金利の上昇

銀行間の貸し渋りというより、銀行間のお金が流れるパイプが消滅した瞬間の出来事によって、急激なドル金利とドルの上昇が引き起こされたのでした。

次の週だったと思いますが、一緒にロンドンで研修をしていた投資銀行部門のアシスタントマネージャー約１００人のほぼ全員がなんの落ち度もないのに、コストカットの名目で解雇されていました。私を含む市場部門の20名ほどについては、全員無事仕事を与えられましたが、ドラスティックな外資系の人事制度に驚愕したものです。

２００８年９月に起きたリーマンショックのときも、ドル決済自体を行う主要米国商業・投資銀行が倒産する可能性があり、ドルの決済が不能になることが恐れられて、ドルの短期金利が急騰しました。

金利の上昇は、経済活動にすぐに悪影響を与えてしまいます。国際金融システムが依存する現行の資金決済システムの危うさが露呈した瞬間でした。

この一連の決済の流れを頭に入れたうえで、ビットコインの取引と決済の実際の流れを考えていくと、ビットコインの持つ凄さが鮮明となります。

電子媒体の形をとり小口も大口も関係なく、売買コストもほぼないことから、積極的に全世界で売買の対象となっているのがビットコインです。その資金決済プロセスは、即時決済とまではいかないまでも約10分で決済されていきます。

手続きが複雑でないにもかかわらず、現行の貨幣・銀行預金資金決済システムが持つのと同様の正確な資金決済が、ビットコイン自体のプログラミングによって担保されています。

加えて匿名性があるわけで、こうした手段が世界で信認を得て貨幣として使用されているのです。

ビットコインをはじめとする仮想通貨が世界で貨幣として認められ、その決済プロセス自体が信認を得る背景をこうしてお伝えしてきました。

現代の我々の社会での貨幣システムは、紙幣ではなく銀行預金システムに依存しており、弱点としては銀行の信用デフォルトリスクへの対抗性に脆弱性を持っているということになります。

では、仮想通貨が世界中で使用されていくとするならば、その過程で起きる社会現象にはどのようなものが想定されるでしょうか?

結論の1つを先にお伝えしてしまうと、仮想通貨、とりわけビットコインが現行の貨幣・銀行預金システムに完全に置きかわることはないと考えています。

2100万ビットコインという供給量に限定され、硬直的に運営されているのがビットコインです。そのため、経済規模に応じて柔軟かつ大量に供給されなければ運営することができないほど相互依存性が高まっている現在の国際社会では、貨幣としての役割は限定的なものにならざるを得ないと思います。

もっと踏み込んでいえば、現行の貨幣システムを駆逐してまで完全に置きかわることはないと言い切れます。

日本も含めて現在の国際社会は、経済のグローバリゼーションの中で国境を越えて複雑に資本が貸し借りされており、貨幣供給量の柔軟性こそが必須のものとなっています。

貨幣供給量に制限があるビットコインだけの世界が到来したならば、人々は世界のどこかで毎日起きている債務不履行の余波を資金の流通速度の低下によって、日々被ることになっていくでしょう。

それは、18世紀の紙幣の誕生以前のように、雨が降って道がぬかるんだせいで金貨を運ぶ馬車の到着が遅れて黒字倒産になっていたことと似たようなことが、日常茶飯事になることを意味します。

ビットコインの場合であれば、無茶苦茶なビットコイン価格の暴騰で度々ビットコインが手に入りにくくなる場合です。

一方で、金のかわりになるものとしては、ビットコインは有効な代替物となっていくでしょう。その限定的な供給量によるビットコインの希少性が、商取引というよりは投資対象として、地位を確保していく方向性は間違いないと思います。

ビットコインの亜流も色々と出てくるでしょうが、そうしたものも同様に希少性と流通量のバランスからいって、ビットコイン以上には世界経済に影響を与えるものにはならないでしょう。

「デジタル契約書」がお金の役割を果たしていく

ただし、仮想通貨についてお伝えしたいことは、こういった些細なことだけではありません。ここからお伝えすることこそが重要なポイントです。

注目するべきは、仮想通貨そのものではなく、ビットコインの核となっている「分散台帳のブロックチェーン」という原理を応用した仮想通貨以外のモノ・サービスへの応用です。

たとえば、株式など現在、取引所で取引されているようなものはもちろん、土地、自動車、保険などといった取引所での取引が難しいとこれまで考えられてきた権利書そのものを仮想化した、いわゆるビットコインならぬビット契約書、「スマートコントラクト」といったものがそれに相当します。

現在では、株式は取引所で売買することが主流ですが、将来的には取引所がなくなって、仮想通貨のように分散台帳で管理されていくはずです。

また、株式以上に高額で大規模に取引されている債券においては、取引所ではなく相対取引という一対一の電話による取引が主流で、ここでこそもっとスマートコントラクトの需要があるはずです。

もし、土地登記証書も分散台帳で管理されていくものになれば、その流通速度は不動産という文字通り動かないものから、非常に動きが早いものに転化していく可能性も秘めています。

身近な社会の話でいえば、最近技術の進歩が著しく実際に世間で流行り始めているバーチャルリアリティメガネの３Ｄの仮想世界の到来は、そのカギとなるかもしれません。

モスクワの「バーチャルリアリティ・バー」で、このメガネを体験したことがありますが、非常にリアリティに満ちた世界が突然目の前に現れてびっくりしました。いきなり古代エジプトに放り込まれてリアルなモンスターが襲ってくるその世界では、真の恐怖を体感したほどでした。

このような仮想世界では、現実の世界に似たものを再現することなどお手の物でしょう。お金やモノのやり取りに伴う仮想世界での所有権が、こうした分散台帳システムで記録されていけば、現実のお金や経済の流れとバーチャルリアリティの融合のスピードが加速する可能性があります。

実際に、ブロックチェーンのシステムが応用される兆しが見えつつあります。2015年秋に「VISA」と「DocuSign」によって発表されたブロックチェーンによって、車のリース契約のプロセスを効率化するという応用が出てきました。

運転席に座った顧客が、ダッシュボードの画面に表示される車内アプリを操作することで、リース契約、保険契約、決済カードの登録がペーパーレスで完了するというものです。この結果、多くの紙文書への署名や保管が必要だったこれまでのリース契約が効率化されることが明らかとなりました。

このモデルは、リース契約だけでなく購入にも適用できると考えられるため、将来、自動車のみならず不動産の登記までブロックチェーンで管理できる日がくるかもしれません。

こうしたサービスがどんどん普及していく過程で、こうした顧客の行動の機動的な決断を妨げないようなスピード感のある決済を行うことができる通貨が必要になってくるはずです。社会的な需要の高まりが、仮想通貨の本格的な社会デビューにつながっていくと私は考えています。

将来的には、「デジタル契約書」そのものがお金のような役割を果たしていくのかもしれません。デジタル上で、デジタル契約書自体を物々交換することをイメージしていただければ良いと思います。

その際には、貨幣は価値を測る物差しの役割だけを果たし、実際にやり取りされるのは、デジタル契約書ということになるでしょう。

仮想通貨でもバブルの崩壊が起こるかもしれない

18世紀に紙幣とともにフランスに誕生した中央銀行という存在が、21世紀には、デジタルとともに個々人のパソコンに徐々に置きかえられていく可能性が鮮明に見えてきました。

その将来像は、ジョン・ローやサトシ・ナカモトがアウトローとして今流通している貨幣への不満をバネに生み出してきた新しい貨幣革命です。

ビットコインブームを生み出したように、サトシ・ナカモトは紙幣から仮想通貨を通じてスマートコントラクトブームを生み出していくはずです。

ただし、つけ加えておかねばならないことは、負の面への注意です。

仮想通貨に対する中国で見受けられたような規制をかい潜ろうとする需要を満たしながら爆発的に市場を拡大させているのが、目下の仮想通貨市場です。

さらには、こうした実需を超えて、ジョン・ローの夢を人々が共有したように、ミシシッピ計画のようなおとぎ話のような儲け話がバーチャルリアリティの中につくられて、そうした夢に多くの人が現物資産をつぎ込んでいくというバブル的な現象も現れていくでしょう。

ビットコインの信頼性によって、そのうえで行われる詐欺的な話にも信憑性が加わっていくからです。しかし、バーチャルリアリティも結局は現物資産の裏づけがあって、その信用を創造していくものです。

それを超えて、分不相応に仮想通貨への需要が意図的につくられて信用が拡大し、スマートコントラクトで契約されていくモノやサービスの価格が暴騰するときには、その次に必ず起こるであろうバブルの崩壊を見据えて対応していくべきでしょう。

これこそが、歴史に学ぶということなのです。

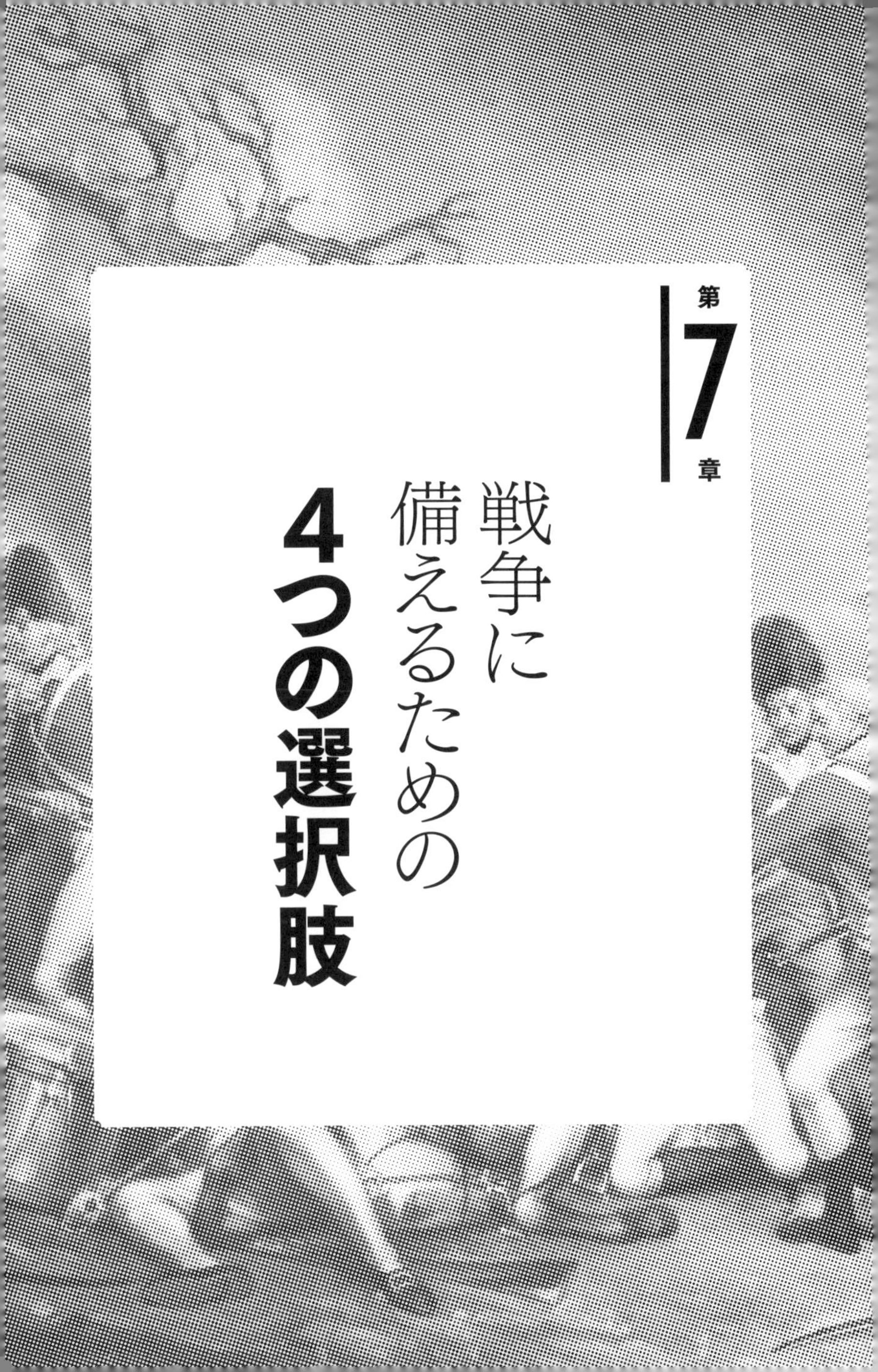

第7章

戦争に備えるための4つの選択肢

未来に備えるための資産運用

多極化に向かいつつある昨今の世界では、地政学リスクが大きく上昇しています。私たちは、こうした世界に生きていることを嘆くだけでなく、そうした事態への対策をする必要があるはずです。

動かないことがリスクになる時代です。

そして、それは生活や仕事のありようはもちろん、資産運用についても同様です。国際的な摩擦が増えた社会へ世界が変わってしまった以上、今までとは違う運用手法を取り入れていく必要があります。

そうした激動する世界における資産運用のヒントとして、第二次世界大戦という非常時におけるお金の歴史は大きな示唆を与えてくれます。

資産を金塊で保有するという選択肢

1998年、旧日本海軍の伊号第52潜水艦が大西洋の深海で発見されました。

1944年に同盟国ドイツに派遣された後、消息不明になっていたこの潜水艦の派遣の目的は、レーダーや高速魚雷艇エンジンなどドイツ製工業製品の複製方法を取得するためで、日本が誇る優秀な技術者たちがこの潜水艦に乗り込んでいました。加えて、技術者たちの他に伊号第52潜水艦が運んでいたのが、日本銀行大阪支店の地下金庫から運び出した2トンの金塊でした。

当時の日本にとって、アメリカとの軍事技術の格差を埋めることは戦争の行方を左右する国家の急務であり、同盟国であった技術先進国のドイツからの技術移転に頼ろうとしていました。もちろん、ドイツはその対価を要求するわけで、第二次世界大戦下でも国際的に通用する貨幣だった金塊を求めてきたのでした。

当時の世界は、アジア地域は日本の占領下にあり、欧州地域はドイツの占領下にありました。ただし、日欧の間には敵国であったソ連や英米の占領地が横たわっており、当時の外為・資本市場の中心地であるロンドンやニューヨークでは当然日独の外債が発行できない以上、潜水艦で隠密に直接金塊を運ぶ方法が、唯一枢軸国であった日本やドイツに残されていた資金調達の道でした。

受け取る側のドイツにとっても、日本からの金塊の取得は切実な問題でした。当時のドイツは金不足に苦しんでいたからです。

ドイツは当時、鉄の高品質化に必要なタングステンはスペインとポルトガルから、高品位油はルーマニアから、クロムはトルコから、ボールベアリングや水銀はスウェーデンから購入していましたが、これら欧州の中立国はドイツのライヒスマルクでの対価の受け取りを拒否し、金とスイスフランのみ受け取りに応じていました。

ドイツが第二次世界大戦を引き起こす直前の1939年8月末の地点では、ドイツの金準備は133トンでした。しかし、年を追うごとにその保有トン数を落とし、1944年には30トンにまで減少していました。2トンの金塊の到着をドイツは待ちわびていましたが、しかし、連合軍の暗号解読のために伊号第52潜水艦は待ち伏せ攻撃を受け撃沈されてしまいます。

そこで、ドイツが強化した金の入手法が金の略奪でした。

1970年代にアメリカが公表し明らかになった数値として、ドイツが占領地域の各国中央銀行やユダヤ人などから非合法的に徴収してスイスの秘密銀行口座などへ移管した金準備の数値が500トンにのぼったということです。

日露戦争や太平洋戦争の準備に要した日本軍の軍需物資取得のための金準備が600トンだったことを考えれば、ナチスドイツが軍需物資に要したこの500トンという数値は実際の数値に近いところなのかもしれません。

日本も戦時下のアジアで、軍需物資の買いつけを金のやり取りで行っていました。日本は同盟国や中立国から軍需物資を買いつけるに当たり、スイスフランはアジアでは通用しないこともあり、主に金塊を外国との交易に用いていました。

ただし、日本の場合はドイツのような略奪ではなく、国内からの金の供出や採掘、日銀が保有する金準備の帳簿のつけかえなどによって、金の創出を行っていました。

太平洋戦争の直前までは、サンフランシスコの米国連銀に金を現物で輸送して、それをドルにかえて重油などの軍需物資を買いつけてきました。その量は600トンにのぼるといわれています。現在の日本が保有する金の量が765トン（2017年12月時点）であることを考えれば、その額がいかに巨額なものなのか想像がつきます。

この軍需物資の買いつけが可能だったからこそ、太平洋戦争では初戦だけとはいえ、未曾有の勝利を手に入れることができたのです。

1952年の平和条約発行時の日銀帳簿を考慮すれば、終戦直前までに日本銀行が保有する金準備は100トンを下回って90トン前後でした。

つまり、日銀の帳簿操作によって、なんとか戦争準備や戦時中に必要だった軍需物資を調達してきた形だったのです。日中戦争と太平洋戦争では、750トン前後の金塊が費やされました。

「有事の金」といわれるように、第二次世界大戦時に限らず、戦時下や戦争が予想される状況では、金の需要が高まります。

金塊は、その永遠の輝きに代表されるように劣化することのない金属であり、貨幣が必要とする要素である「価値の保存」を最も満たすものです。また、貴金属という性格上、国家破綻リスクなどから自由であり、その存在に限りがあるために政府と中央銀行の癒着によって、発行量が無限となることもある紙幣と比べて比較優位があります。

この点が、世界大戦というカントリーリスクが増大する状況や、なりふり構わない紙幣の乱発を招きがちな戦時下において、貿易通貨として重宝されることにつながったのです。ただ一方では、金は重くてかさばるという欠点があり、この点では紙幣に比較劣位となります。

資産をスイスフランで保有するという選択肢

戦争当時の欧州では、金塊輸送の手間を省くために国際通貨としてスイスフランが主に国際間貿易でやり取りされていました。

スイスは、ナポレオン戦争後の１８１５年にウィーン議定書で「永世中立国」として承認されて以降、その後２００年以上にわたってその立ち位置を守り続けてきた国家です。

欧州の中心に位置する地理的な特性を活かして中立を維持することは、欧州での商業活動を生産的に行うことができるというメリットがあります。このメリットを活かしたのが、第一次世界大戦と第二次世界大戦の時期でした。

スイスは中立を堅持したことにより、戦禍を免れるばかりか両陣営に武器を輸出することで大きく利益を上げることができました。特に、第二次世界大戦時での対独輸出は大きな利益をスイスにもたらしました。

1939年、ドイツがポーランドに侵攻し第二次世界大戦が勃発すると、スイスは中立を宣言し、国民450万人の14％を軍事徴発して、きたるべき自衛戦争に備えました。当時の独仏国境線には、フランスが「マジノライン」と呼ばれる要塞群を設置していたので、これを迂回できるスイス経由でのフランス侵攻作戦をドイツが採用することを断念させることが念頭にあったのです。

一方で、連合国からの対独経済封鎖への勧誘は拒否しています。ドイツにスイス侵攻の口実を与えることを恐れたためです。スイスは独立さえ守ることができればそれで良く、当初思い描いていた永世中立国としての商業発展の機会を、この世界大戦に見出していたのです。

その後、イタリアが参戦しフランスがドイツに降伏すると、スイスの周囲が枢軸国によって囲まれる形になりました。

連合国向けの輸出は地理的に制限され、1940年のフランス降伏前と比べて半減しました。一方で、枢軸国向けの輸出は3倍になっています。もちろん、イギリスなどの連合国はスイスを非難する声明を発表しますが、スイスは枢軸国家よりの経済政策に転向しつつも、両陣営に対するバランスを考慮しながら防衛体制を充実させ、独立を維持することに努めました。

スイスは、ドイツから石炭や鉄、食料を輸入するかわりにアルミや化学製品、医薬品を輸出していました。豊富な水力を利用した電力の供給やスイス経由での南欧の食糧のドイツへの輸送経路の確保もドイツからスイスに期待されていた役割でした。

しかしなんといってもスイスのお家芸は、金融面での枢軸国側への協力でした。スイスはドイツへの金融インフラ面での支援を惜しみませんでした。

スイスはドイツへの貸し出しを増やしていき、その資金がスイス製の武器弾薬のドイツ国防軍の購入費に使用されました。このように、ドイツにとってスイスは、戦争経済遂行のために欠かせない国となっていきました。

とりわけ、国際通貨として流通するスイスフランはドイツにとって必須のものでした。その際には、永世中立国を宣言していたスイスはドイツに協力する代価として、流動性の高い国際通貨である金塊をドイツに要求しましたし、そうする必要がありました。連合国からの中立性を疑われないようにするためです。

そのため、ドイツは占領地域にあるユダヤ人から徴収した有価証券や貴金属をスイスに売却し、この代価としてスイスフランを入手していました。

この貴金属には、ユダヤ人からの略奪した金以外に、ベルギー、オランダ、ルクセンブルク、デンマーク、ノルウェー、チェコ、オーストリアの中央銀行が保有していた金塊も含まれていたようです。

スイスがドイツから代受した有価証券は５０００万から1億スイスフラン相当となっています。この他には、ドイツが占領地域から買い叩いた美術品などが対価となりました。

世界大戦などの大きな戦争が起こったとしても中立の維持を普段から宣言している国はスイスの他に、オーストリアやラオス、トルクメニスタンなどがあります。**しかし、永世中立国の通貨でかつ国際的に通用する単独通貨はスイスフラン以外にはありません。**

2つの世界大戦を通じてその価値を世界に知らしめたスイスフランは、将来もし戦争が起こったとしても、その価値を下げることはないでしょう。

資産を生命に直結するもので保有するという選択肢

第二次世界大戦当時の日本も、スイスとの金融・交易が欠かせませんでした。ヨーロッパにおける軍需品の買い入れや、欧州の戦況の情報の入手のためのスパイへの資金供与などにスイスフランが必要だったからです。当時、日本の外為業務を一手に引き受けていた横浜正金銀行がスイスフランの調達にも当たっていました。

戦時下の日本は、東京にあるスイス公使館に金塊を指し入れて、これを担保にしてスイスフラン貸借する、あるいはこれをスイス側に売却してヨーロッパでその代金をスイスフランで受け取るという通貨スワップ案を提示していましたが、枢軸国の悪化する戦局を横目にスイスからは断られていました。

ところが、あるときを境にスイスフラン不足が決定的に改善します。

連合国側が、日本管轄下にある連合国の捕虜に対して、慰問品輸送の道をつくろうという提案を日本・スイス双方にしたからです。

この結果、スイスの横浜正金銀行の口座の残高は急激に増えていきました。その結果、日本は潜水艦をヨーロッパに派遣しなくても、現地に駐在する日本の外交官や軍人に豊富な活動資金を提供することが可能となりました。

一説によると、米・英・オランダ3ヶ国が振り込んだ総額は、終戦までの1年足らずの間に計1億1560万スイスフラン、今の物価が当時から5倍となっていることを考慮すると、現在の貨幣価値でいえば約700億円にものぼる金額でした。

このことが示唆することは、戦時下であっても人命が最優先され、敵に資金供与することすらも普通に行われるということです。当たり前のことですが、国家間でも命はお金より優先されるのです。このことから、自国民の命を維持すること、つまり、食料の確保は非常に大切だということが分かります。

江戸時代まで日本の通貨はコメだったことを考えても、食料が貨幣の代替として扱われることは歴史的に見ても別におかしなことではありません。

私たちも戦時下になってはじめて食料確保にあくせくするよりは日頃から、家庭菜園の保有や、せめて、近所の野菜屋さんやお肉屋さんなどと仲良くしておくことが必要なのではないでしょうか。**お金や財産が生命の維持に必要なモノに対して比較劣位に陥る事態が戦時下ではあるといえます。**

資産から紙幣の保有を排除するという選択肢

太平洋戦争の前後で、日本に大きな出費を強いていたのが日中戦争です。そんな財政的に行き詰まった日本が軍需物資を継続的に入手するために推し進めたのが、中央銀行の乱立です。

日中戦争当時、1938年に華北において中国聯合準備銀行を、そして1941年には、華中と華南を対象として中央儲備銀行が設置されました。

その他には、満州中央銀行、内モンゴルの蒙疆銀行、そして南方地域の南方開発金庫があげられます。これらの銀行は、日本の中国における占領地域での銀行券の発券・管理を目的として設立されました。

当初こそ、その紙幣の裏づけとして日本銀行から横浜正金銀行上海支店に送られてきた54トンの金塊を使用していました。

ところが、そのうち「預け合い制度」という日本が拠出する日銀券を担保として、現地通貨を発券するというシステムにどんどん置きかわっていきました。

この担保となっている日本円について両銀行が実は引き出せないという決定的な欠陥を含んだ制度をベースとしていたため、これらの現地中央銀行が発行する現地紙幣の信用は地に落ち、中国では3万%以上の極度のインフレが引き起こされました。

戦時下のなりふり構わない国家は、軍需物資の調達に必要な資金を得るために通貨発行益を狙って極度に通貨価値を希薄化させるという近視眼的で安易な方法を採用しがちです。

歴史を振り返ると、戦争を経て国家の信用が希薄化するときには、紙幣の価値は暴落、物価は暴騰という結果になっています。

1941年の太平洋戦争の開戦時のドル円為替レートが1ドル約4円だったのが、1949年には360円で固定されています。日本円の価値はおよそ100分の1にまで落ちてしまいました。

戦争時に持っておきたい資産

ドイツは、「戦争によって戦争を賄う」という方策で、戦時中の軍需物資を略奪などによって取得しました。一方で、日本は自国内の金準備や日銀の帳簿操作に加えて、預け合い制度という目に見えない形での略奪によって、外部からの軍需物資を調達してきました。

戦争になったとき、国家が平時から戦時体制に社会のありようを強制的に変容させていくことは歴史的な事実です。そして、今後も変わりない姿でしょう。

そうした状況下で信じられる資産や手段は、金、どの陣営にも属さないスイスフラン、生命の維持に必要な食料の確保、増発されかねない紙幣を持たないという4つでしょう。

戦争に勝つためであれば、使える信用は極限まで使っていくのが国家の真の姿です。戦争を含めて想定外のことが起きる世の中になってきている以上、自国通貨以外に資産を分散させておくことが大切です。金やスイスフランなどは、非常時にあなたの資産ポートフォリオを守ってくれる大きな存在となることでしょう。

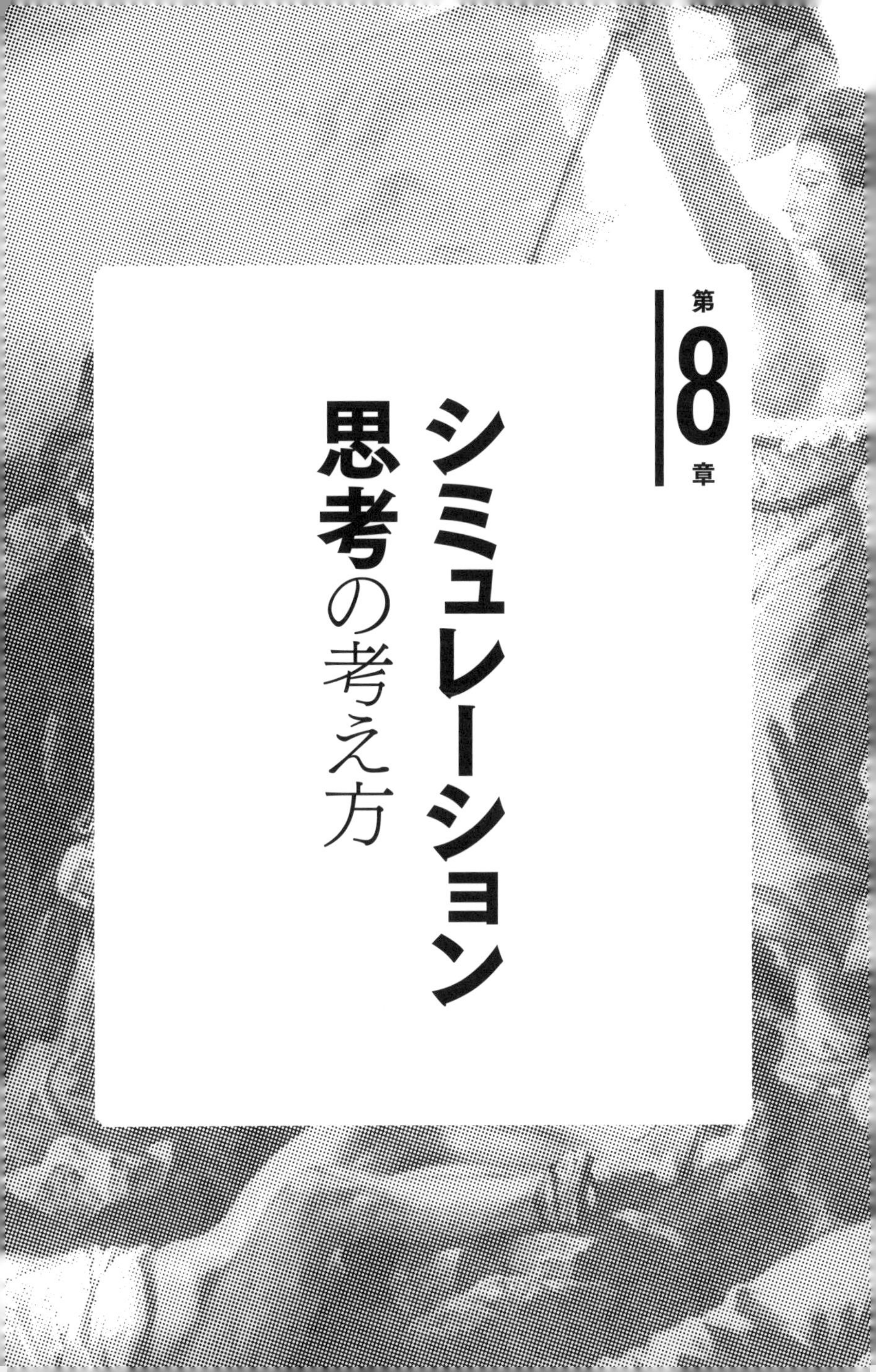

第8章

シミュレーション思考の考え方

「シミュレーション思考」の3つの軸

因果関係を学び、未来を予測することが歴史を学ぶということだとお話ししてきました。そして、未来を予測することとは、ストーリーをつくることと換言することができます。

そしてそのためには、あれをやったらこうなるという過去の事例をどんどん知識として貯めていくことが非常に大切だと思います。

できる限り世界の事例を広く深く考え、知ることで多くのストーリーをつくり、将来をシミュレーションすることができるのです。

多くの投資ストーリーを持てば持つほど、その中のどれかに未来が入っている可能性が高まります。こうした投資ストーリーをつくっていく方法を、私は「シミュレーション思考」と名づけ、ファンドの運用に日々活用しています。

ちなみに、拙著『情報をお金に換える　シミュレーション思考』（総合法令出版）では、

「世界への好奇心」、地理と政治を結びつける「地政学」、そして、私たちの経済生活の基盤を良く知るための「お金の歴史」の3つの柱が、ストーリーをつくっていく「シミュレーション思考」に欠かせない要素だと定義しました。その中でも重要なのが、「お金の歴史」です。

187ページの図表はそうした「シミュレーション思考」を用いたときの未来のイメージの図です。

横軸（X軸）が国の数（世界への好奇心）です。そして、縦軸（Y軸）が政治・軍事の歴史、つまり地政学です。奥行き（Z軸）がお金の歴史です。

この横軸、縦軸、奥行きで構成される立方

シミュレーション思考の3つの軸

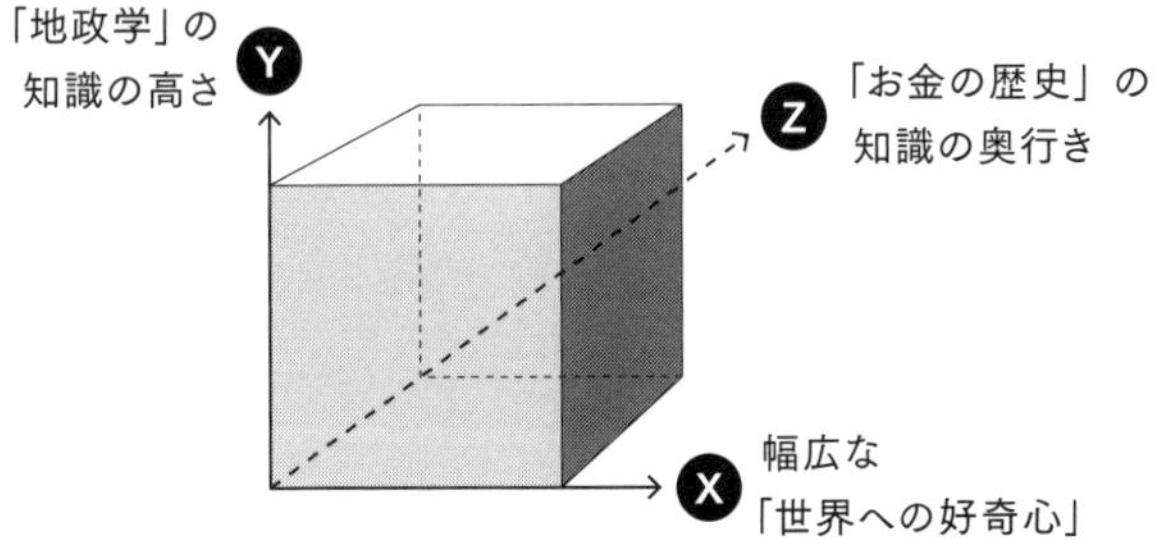

体が未来の社会を表しています。

たとえば、あなたが日本という国しか知らなかった場合、知っている国の数は1、つまりX軸は「1」になります。また、軍事・政治の歴史について全体の10％だけ知っている場合は「10」、お金の歴史について知らない場合、Z軸は「0」になります。

つまり、それぞれの軸について知っていれば知っているほど立方体は大きくなり、未来について複数の選択肢を考えられるようになるということです。

立方体の中には、長い歴史に裏打ちされた客観的な多くのストーリーがあり、そのストーリーの核にはそれぞれの根拠や理由が存在しています。ストーリーを多く持つということは、X軸とY軸とZ軸の幅を多く持つということです。

城にたとえると、お金の歴史で堀ができ、地政学で石垣ができるイメージです。そして、多くの国のお金の歴史と地政学を知れば、その城がより強固になるというわけです。

未来は、客観的な多くのストーリーの中にあります。たった1つしかない結果を予測するのではなく、自分がつくった複数のストーリーのどこかに未来が当てはまる、という考え方が大切なのです。

客観的で説明力の高い未来予想は、人々を動かす力を持ちます。提示された未来像が悲惨なものであれば、そうはなりたくないという気持ちを呼び起こし、その気持ちが人々を動かして予防的な行動を取らせるでしょう。

一方、ワクワクする未来を提示することができれば、それを聞いた人は安心してその方向に向かって努力を続けることができます。

これからは新興国の時代になる

これは、転職を考えている人にとっても同じことです。

今現在、世間からの評価が高いからといって、人気が高い会社に就職するべきではありません。それは、割高な株を買うのと一緒です。

それよりも、他の人には見えていない価値を見出して多くの収益を上げることの方が大切です。就職活動は株式投資とまさに同じ行為なのです。

今、日本では売り手市場といって、就職率がかなり高い状況となっており、どの産業においても他国と比べて高い賃金を受け取れる環境にあります。しかし、今後日本はこれまでの「大国」というポジションから「普通」の国へと姿を変えていきます。

もちろん、超長期循環論の観点から、日本も成長していくチャンスはあると思いますが、今の世界においてGDPについては、すでに新興国がその半分以上を生み出しています。世界の付加価値の創出の回転軸は、先進国から新興国へと時代が動いているのです。

現在進行形で、多極化、いわゆる「Gゼロ」の時代が進展しており、世界を取り巻く状況が大きく変わろうとしています。「Gゼロ」とは、G7を構成する主要先進国が指導力を失い、G20も機能しなくなった国際社会を表す言葉で、アメリカの政治学者イアン=ブレマーが2011年にその可能性を指摘した造語です。

信用創造が新興国で生まれつつあるのです。

このような状況下にあって、先進国の一角である日本という国や、日本の会社に依存している場合ではありません。

日本が経済超大国から普通の国へと移行していく中では、明治維新後の侍のように、いきなりはしごを外されて、身分相応のものから実力相応のものに世間の評価が置きかわることが往々にして起きてくることでしょう。坂本龍馬や陸奥宗光など、幕末の脱藩浪士のようにフリーランスになるというのも有効な手段です。フリーランスこそ次世代型の働き方だと思います。

これからは、会社や社会に依存しているような自分の足で立っていけない人たちにとっては、つらい時代になります。

このことをイメージするだけでも、未来を前提として行動することは頭で分かっていても、実際には多くの人の行動において応用されていないことが分かると思います。自立した人間になるという行為をスキップしてしまうと、会社に依存した働き方しかできなくなってしまったり、突然のリストラで絶望の淵に追い込まれたり、後悔しても後悔しきれない時間と労力を奪われてしまうことになります。

投資はまさに未来をイメージし、そのイメージに基づいて投資行動を行うことと同義です。ぜひ、今の姿を見るのではなく、少しでもいいので未来の姿を想像しながら、投資以外でも今の行動を省みてはいかがでしょうか。

投資も就職も未来をイメージして行うもの

私は大学を卒業後、都銀系投資顧問会社に入社しました。なぜ銀行を選ばなかったのかというと、できるだけ早く、1年目からお金を運用する仕事がしたかったからです。

しかし、当時は投資顧問会社というとノンバンク業といって、都銀などに就職するのに比べれば、世間体は悪いものでした。ただし、ファンドマネージャーというやりたいことを重視した場合、この就職の選択は大正解となります。

実際、1年目こそ事務部門で伝票の書き方や整理方法などを学びましたが、運用幹部候補生の同期が2名ということもあって、2年目からは債券運用部で短期の運用などをやらせてもらえるようになりました。

いきなり数千億円という単位のお金を運用するようになったのです。その後も3年目にトレーディング部、4年目には外債運用部に配属となり、債券全般を取り扱うことができるようになり、入社当時の願いが叶いました。

一方、大手都市銀行に入っていた大学時代の友人たちは、1年目は自転車に乗って配属先の店舗の担当エリアを回っての預金集め、2年目以降も上から与えられるノルマを達成するためにいちいち上司の承認を得ながら仕事をしているようでした。

数年おきに転勤があるので、職場での人間関係に悩むことも多いと聞かされたこともあります。

もちろん銀行は、ある程度の丁稚奉公のような時代がすぎると、企業相手に大きな仕事ができるというチャンスもめぐってきます。しかし、とにかくそれまでの下積みの期間が長すぎるな、というのが私の実感です。

「いつまでこんなことをやらされるのだろう?」という不安と不満を、たまに会う同期の友人からずいぶん聞かされたものです。

私の場合はやりたいことに向かってまっすぐに経験を積み上げていくことができたので、その種の不安などは全く感じることなく目的に向かって非常に楽しく有意義な毎日を過ごすことができました。

少しでもやりたいこと、なりたいものがあるのなら、未来の姿を想像して最短距離はどこかを見極め、行動に移すことが大切だと思います。

元に戻りますが、投資はまさに未来をイメージして行う行動です。「シミュレーション思考」が最も要求される行為なのです。たとえば、山一證券の倒産劇にもその点は見て取れます。当時、私が就職した都銀系投資顧問会社と山一證券とは同じ財閥グループの芙蓉グループに所属していたということもあり、毎日電話でやり取りをしていました。

倒産直後に急いで電話をしても、先方はパニック状態です。彼らは、テレビではじめて自分の会社が倒産したことを知ったのです。会社からは何も知らされず、昨日が今日に続くと思っていつものように出社したら、突然生活の基盤になる会社が蒸発し、家族との大切な生活も壊されてしまった人々を眼前にしました。

山一證券の倒産劇を聞いて、そうこうしているうちにあっという間に資金決済の期限がやってきます。その後には、すぐに投資信託の基準価額算出のデッドラインがきてしまいます。

もしも、資金決済ができない場合には、「キャッシュショート」という未曾有の金融システムショックが起きてしまうことが新人ながら見えてきました。バックオフィスは、私語もなく不気味に静まりかえっていたことを覚えています。

そして、今思えばこの事件こそが、平成金融恐慌という終わりの始まりでした。今までと同じことが漫然と今日も明日も続くと思っていたことは間違いだと体感した大きな出来事でした。

ドライバーを古今東西の歴史から抽出する

ファンドマネージャー同士でミーティングを行う際、よく出てくる言葉に、「ドライバー」というものがあります。金融市場の相場を動かしている要因を探るときに「今のドライバーは？」という形で使うのです。

長期間のドライバーを見つけることは、いわば物事の本質に迫ることといってもいいかもしれません。マッサージでいうツボに当たるものです。

私たちファンドマネージャーの仕事はこのツボを探るべく、「未来の世界にとってのドライバーはなにか？」を正しく特定していくことになります。

しかしこのドライバーは、あるときは金利、あるときは原油価格の推移、あるときは戦争という風に局面によって大きく変わります。特定するには、かなりの困難を伴います。

だからこそ、このドライバーを見つける際のコツが投資を左右するものとなるわけです。**しかし、そのドライバーを見つけるポイントはある程度パターン化されているともいえます。本書でもこれまでお伝えした通り、「歴史は繰り返す」からです。**

もちろん、このファンドマネージャーの腕の見せどころともいえるドライバーを、コンピューターの分析で特定するやり方もあります。しかし、どうもしっくりこないことが多いのは、コンピューターが解析するのに必要とするデータ自体が、過去せいぜい１００年程度のものしかないという点にあります。

だからこそ、古今東西の歴史から未来を抽出して投資を行うという地道な過程に、大きな投資リターンを生む源泉があるといえるのです。

もちろん、その地道な作業の中にも、生産性を上げるためのコツがあります。それは、「着眼大局・着手小局」という考え方を応用する方法です。

着眼大局・着手小局とは、もともと将棋の世界からきた言葉で、「着眼大局」は、物事を全体的に大きく捉えること、また、広く物事を見てその要点や本質を見抜くことを言い表した言葉です。「着手小局」は、細やかなところに目を配り、具体的な作業を実践することを意味します。まずは全体を眺め、大きな方向性を定めて、そこから具体的な行動に落とし込み実践していくことを言い表しています。

鳥の目で物事を把握し、魚の目で世間の潮流を読み、虫の目で現場にのぞみ物事に取り組むことと換言することもできるでしょう。

このように柔軟に全体と部分、目的と手段について考えることは、ドライバーという物事の本質を捉えるうえでは非常に有用な方法であるといえます。

この着眼大局・着手小局でドライバーを発見し、ストーリーをつくっていく際には、国内外の経済史を紐解くことから始めると良いでしょう。

この着眼大局は、とても重要な示唆を与えてくれます。

Gゼロという「ポスト冷戦体制の崩壊」による多極化の世界という、不透明な世界になっていく中ではなおさら、俯瞰の大切さが鮮明化するはずです。

俯瞰によって古今東西の歴史のパターンを当てはめて未来を考えていくときに生まれてくる複数の仮説は「気づきのチャンス」を与えてくれます。

ドライバーを特定するうえでは、シミュレーション思考の核である「ストーリー」創作のスキルが大きく役に立ちます。色々なストーリーをつくることができれば、それだけ多くの発見があります。

たとえば、相場を見る場合、あらかじめシミュレーションしているストーリーがあれば、AポイントからBポイントへ動くときにどういう事象が起きるのか、そのプロセスを自然とイメージできます。

もちろん、そのプロセスは仮定にすぎません。しかし、その仮定が1つの物差しになって、気づきのチャンスを与えてくれるわけです。

こういうと難しく感じられるかもしれませんが、皆さんも自然と日々の生活の中で行っていることです。たとえば、ある案件について社内で会議を行う場合、「A部長は細かな点を突いてくるだろうから、事前に調べておこう」「Bさんは計画性について突っ込んでくるだろうから、仮のスケジュールを立てておこう」と想像することも、十分にストーリーに当てはまります。

起こりうるちょっと先の未来に思考をめぐらせ、実際の行動に移すことが「シミュレーション思考」の基本です。ドライバーとは、その実現したい未来のカギになっている要素を指します。

大切なのは、どうやって最適なドライバーを見つけてくるかということです。

そのためには、ドライバーの引き出しを数多く持つことが欠かせません。

ストーリー創作に向けての引き出しを多く持つためには、日頃から意識して歴史観を培い、その培い方を様々な歴史の本を読書することによって訓練することが必要です。

私は、SBIグループと提携し、ストーリーづくりの一助となるべく金融サロンを開設・運営しています。政治・経済・軍事・生活についての知見を強化し、未来図を一緒につくっていこうという国際情報提供を中心とした金融サロンです。ご興味があれば、著者略歴にある私の公式ホームページからご確認ください。

あとがき

モスクワの冬に閉じ込められつつ、私が今年読んでいた本に、『征西日記』という幕末の武士が綴った日記があります。

１８６４年に第14代将軍徳川家茂が上洛した際に、将軍の親衛隊として江戸から同行してきた侍の日記です。

彼が滞在していた１６３日にわたる京都の日常が記されています。

当時の京都では、尊王攘夷を唱える浪士たちが、日々殺戮を繰り広げていたといわれています。そもそもそうした物騒な京都に将軍が上洛した理由も、攘夷を天皇に約束せよという長州を中心とした反幕勢力の宮廷外交が功を奏した結果のことでした。

ちなみに、将軍の上洛自体２２９年ぶりの極めて異例のことでした。

ところがこの日記では、そのような剣呑な世相は一切姿を現しません。将軍の側に使える当時21歳の幕臣が、毎日のように友人とお互いの宿を行き来し、青春を謳歌している姿が生き生きと描かれています。

尊王派の諸士による将軍暗殺予告の落首が掲げられている京都で、というところに驚きを感じます。

朝は稽古、昼からはショッピングなどを楽しみ、夜は友人や家族とお菓子や魚を中心とした贈り物を毎日のように交換しています。ときには、皆で寺社見物や遠足にいったりと、ホームキャットのような楽しい毎日が綴られています。1日出仕し3日休暇というスケジュールで日記の最後まで続いていきます。

この日記からは、政治に関する感想や激動している社会の様相が全く描かれておらず、一切幕末の激動の様子が感じられません。たまに出てくることとしては、美味しいうなぎ屋でうなぎを食べた帰路、橋のたもとに首のない侍の死体があったとの記述があるくらいです。

こうした状況こそ、実は幕末の世相の実体だったのではないでしょうか？

後で振り返ってみたときに激動する社会に見える世界も、実はそのときにその場所にいたとしても、俯瞰して世の中を見ようとしなければ、激動を感じることがないというものです。

肌感覚というものは、慣性の法則が大きな比重を占めるものです。幕末のような変革を伴う激動を感じるというよりは、平和だったこれまでの日常生活の継続に人々の感覚は重きを置きがちだったのでしょう。

ふと今書いている原稿から目を上げると、窓の外からロシアの荒涼とした景色が広がっています。場所と時代を超えた奇妙な感じを受けて、これは現実なのだろうかという感慨に襲われます。

私はファンドマネージャーという職務上、毎日のように投資家向けに海外から世界情勢を報告していますが、振り返ってみると、特にトランプ政権誕生に前後する2016年以降の日々はあっという間だったと感じます。

欧州ではブレグジット（英国のEU離脱）があり、アメリカではトランプ政権が誕生しました。他にも、以前なら想像もできないような様々な出来事があっという間に世界で起こりました。

そうした情勢を吟味し報告するという作業を日々繰り返していても、それでも追いつかないもどかしさを感じます。

征西日記は、『御上洛御共之節旅中並在京在坂中萬事覚留帳面』が正式名称です。著者の友人が、故人となってしまった著者を偲んでその日記をまとめて世に残したものです。著者は伊庭八郎といい、この日記を残した後に函館戦争で亡くなっています。

戊辰戦争の最中に片手を失い、それでも函館戦争にいたるまで全国を転戦し、激戦を繰り広げた末に自決しています。

日記の後の世界は描かれていないので、彼の感慨は想像するしかありませんが、私が思うに京都で淡々と楽しく時間をすごしていたのと同様に、ぜひもなく、淡々と友人と一緒に官軍と戦っていたのかもしれません。

目下、幕末当時と同様に多極化の世の中へと世界が大きく動きつつあり、先行きが不透明になって大きな混乱が続いています。

こうした状況で、変化についていけずに生活に困る人たちも出てくるでしょうし、逆に大きく飛躍をして大金持ちになる人たちも出てくるでしょう。これが、「乱世」と呼ばれる時代の特色です。

こうした混乱の時代の歴史を振り返ってみたときに、飛躍していく人に共通する行動があります。それは時間のずれのない思考と行動の一致です。そして、人に先駆けて的確な動きができる人は、日頃から次のような思考方法を実践していると思います。

第8章でも述べていますが、1つ目は、「世界への好奇心」です。空間を飛び越えて、語学力や広い国際知識を磨いて自分がやろうとしている事例で、一番良いものはなにかを世界中から探す能力です。

そして2つ目は、「地政学」を押さえることです。表層に出てきていないものの、深層に必ず落とし込まれている地理の概念を頭に入れ、各国の外交関係への洞察力を鍛えておくことです。

3つ目は、「お金の歴史」への造詣を持つことです。因果関係を把握するために各国の経済・金融史を学ぶことが肝要です。あれをやったらこうなるという過去の事例をどんどん知識として貯めていくことでこの能力は磨かれていきます。

この1から3までの要点を押さえてストーリーをつくるプロセスを、私は日々実践しています。起きていない可能性を想像する力、「もしAならば、Bという結果を導くためにはどうするか？」と考えることです。

ちなみに、このシミュレーション思考を常に行っていたのが戦国武将たちでした。「詮議」というもので、ケーススタディを用いて車座でお互いに敵が攻めてきたらどう対応するのかを中心に家臣ともども指南しあい学んでいました。

予想外こそが通常である乱世では、この詮議の訓練がライバルよりも素早い、そして的確な行動を生み出し、武将たちの生死を分けていきました。

時代というものを考えるときに、私が思い出す言葉があります。

伊庭八郎と同時代を生きたドイツ帝国のビスマルク宰相の言葉ですが、「政治家にできるのは、歴史を歩む神の足音に耳を澄ますことだけだ。その音が聞こえたら、跳び上がって神の外套の裾をつかまなければならない」というものです。

時代に流される伊庭八郎という生き方も、時代に追いつこうというビスマルクの生き方もある中では、私は後者の姿を今後も追い求めていきたいと強く考えています。

そして、本書を手に取ってくださった読者の皆さんにも、このビスマルクの姿勢でこれからの投資を行っていただけたらと思います。
最後に、本書の出版に際して様々な方からお力添えをいただきました。この場を借りて感謝申し上げます。

平成30年7月

塚口直史

［著者］
塚口直史（つかぐち・ただし）
グローバルマクロ戦略ファンドマネージャー。早稲田大学政治経済学部経済学科卒。青山学院大学大学院国際政治経済学研究科ファイナンス修士課程修了。富士投信投資顧問（現アセットマネジメントOne）入社後、シティバンク・国際金融本部 短期金利トレーディング部を経て、世界最大級の運用会社ブラックロックにてグローバルマクロ戦略ファンドを統括。リーマンショック時に多くのファンドが損失を出す中、投資収益率としては驚異的な50％以上のリターンを上げ、ブラックロックの数百あるファンド内で1位の成績を収める。2014年よりモスクワを拠点とし、英系ヘッジファンドに移籍、グローバルマクロ戦略ファンドを統括。2015年、中国経済危機に備えるポジショニングが奏功し、50％以上の投資利回りを実現、世界第3位として表彰される（ファンド評価会社バークレイヘッジ社、2015年度グローバルマクロ戦略部門）。また同年、ロシア国内での運用成績でも1位となる（ロシアヘッジファンドインダストリー国際部門）。2018年よりEUに拠点を移し、欧州系ヘッジファンドを設立、運営。欧州・中東・アフリカを主な投資先とするアセットアロケーション戦略およびグローバルマクロ戦略を統括。ブルームバーグなど海外メディアへの寄稿多数。著書に『世界第3位のヘッジファンドマネージャーに日本の庶民でもできるお金の増やし方を訊いてみた。』（朝日新聞出版）、『情報を「お金」に換えるシミュレーション思考』（総合法令出版）などがある。

塚口直史公式サイト　http://ttsukaguchi.jp/

一流の投資家は「世界史」で儲ける

2018年8月1日　第1刷発行

著　者――塚口直史
発行所――ダイヤモンド社
〒150-8409　東京都渋谷区神宮前6-12-17
http://www.diamond.co.jp/
電話／03･5778･7232（編集）　03･5778･7240（販売）
装丁・本文デザイン―山田知子（chichols）
DTP ―――桜井淳
校正――――鷗来堂
製作進行――ダイヤモンド・グラフィック社
印刷――――堀内印刷所（本文）・慶昌堂印刷（カバー）
製本――――ブックアート
編集担当――木下翔陽

ISBN 978-4-478-10263-3